四部要籍選刊

蔣鵬翔 主編

阮刻禮記注疏

二

（清）阮元 校刻

浙江大學出版社

本册目録（二）

附釋音禮記注疏卷第四

曲禮下第二

【疏】正義曰案鄭目録云義與前篇同簡策重多分爲上下

禮記　鄭氏注　孔穎達疏

凡奉者當心提者當帶高下之節○奉本亦作捧同芳勇反提徒兮反【疏】凡奉至當帶○正義曰此一節論臣所奉持及俛仰襲之節各依文解之○凡奉者當心提者當帶帶物有宜奉持之者有宜提挈之者各因其宜奉之者謂仰手當心奉持其物提之者謂屈臂當帶而提挈其物帶有二處朝服之屬其帶則高於心深衣之類其帶則下於脇何以知然玉藻說大帶云三分帶下紳居二焉紳長三尺而居帶之下三分之二則帶之下去地四尺五寸矣人長八尺爲限若帶下四尺五寸則帶上所餘正三尺五寸故知朝服等帶則高也而深衣云帶下毋厭髀上毋厭脇當無骨者故知深衣之帶則下也今云提者當帶謂深衣之帶且古人恒著深衣此明平常提奉故並可知也

執天子之器則上衡謂高於心彌敬也此衡謂與心平○上時掌反國

君則平衡大夫則綏之士則提之綏讀曰妥妥之謂下於心○綏依注音妥湯果反又他回反【疏】執天至提之○正義曰嚮明常法此以下明臣各爲其君上提奉之禮也執持也上猶高也衡平也平謂人之拱手正當心平故謂心爲衡天子至尊器不宜下故臣爲擎奉皆高於心彌敬也此衡謂與心平也凡言衡有二處若大夫衡視則面爲衡此爲天子執器則上衡謂高心也既有二處不同故鄭云此衡與心平明他衡者不與心平也○國君則平衡者國君諸侯也降於天子故其臣爲奉持器與心齊平也○大夫則綏之者綏下也又降於諸侯故其臣爲奉器下於心也○士則提之者上云大夫綏之已下於心今爲士提之又在綏之下即上提者當帶然凡常提物尚得當帶今爲士提物更在帶下者士臣爲士卑遠於君故厭降在下故禮云大夫之臣不稽首以辟君其義同也

凡執主器執輕如不克重愼之也主君也克勝也○勝音升【疏】凡執至不克○正義曰嚮明持奉高下之節此辨持奉之容儀也主亦君也禮大夫稱主今此言主上通天子諸侯下含大夫爲君者故并曰主士則不然克勝也尊者之器不論輕重其臣執之唯宜重愼器雖輕小而執之恒如實重如不勝

之容也故論語云孔子執圭鞠躬如也如不勝聘禮曰上介執玉如重是也執主器操幣圭璧則尚左手行不舉足車輪曳踵重慎也尚左手尊左也車輪謂行不絕也○操七刀反曳以制反踵支勇反【疏】執主至曳踵○正義曰又明提奉用手足之儀也圭璧瑞玉也尚上也謂執持君器及幣玉也若擎奉此物則右手在下左手在上左尊故云尚左手○行不舉足車輪曳踵者曳拽也踵脚後也若執器行時則不得舉足但起前拽後使踵如車輪曳地而行故云車輪曳踵立則磬折垂佩主佩倚則臣佩垂主佩垂則臣佩委君臣俛仰之節倚謂附於身小俛則垂大俛則委於地○折之列反一音逝佩步內反本或作珮非倚范於綺反徐其綺反執玉其有藉者則裼無藉者則襲藉藻也裼襲文質相等耳有藻爲文裼見美亦文無藻爲質襲充美亦質圭璋特而襲璧琮加束帛而裼亦是也○藉在夜反下同裼星歷反藻音早本又作繅琮才冬反【疏】立則至則襲○正義曰嚮明奉持及手足之儀此明授受時禮也立倚也佩謂玉佩也帶

佩於兩邊臣則身宜僂折如磬之背故云磬折也身既僂折
則所若之佩從兩邊出縣垂於前也○圭佩倚者圭謂君也
倚猶附也君宜直立則佩直附倚身而縣垂不出前○則臣
佩垂者君若直立佩倚於身則臣宜曲折曲折則佩不得倚
身故縣垂於前也○圭佩垂則臣佩委者圭君也言君若垂
傾折身而佩垂則臣彌曲故佩磬委於地然臣不發初太曲
必待君僂而後方曲者亦授立不跪之義也○執玉其有藉
者則裼無藉者則襲○凡執玉之時必有其藻以承於玉若
盡飾見美之時必垂藻於兩端令垂向於下謂之有藉當時
所執之人則去體上外服以見在內裼衣故云有藉者則裼
也其事質充美之時承玉之藻不使下垂屈而在手謂之無
藉當時所執之人則掩其上服襲蓋裼衣謂之無藉者則襲
此謂執玉之人朝聘行禮或有裼時或有襲時○注圭璋至
是也○正義曰鄭云此者以經云裼襲者人之裼襲欲明玉
亦有裼襲云圭璋特而襲者上公享王圭以馬享后璋以皮
皮馬既不上於堂其上唯特有圭璋圭璋既是寶物不可露
見必以物覆襲之故云圭璋特而襲也云璧琮加束帛而裼
者請侯佁子男享天子璧以帛享后琮以錦既有帛錦承玉
上唯用輕細之物蒙覆以裼之故云璧琮加束帛而裼也云
亦是者并但人有裼襲其玉亦有裼襲之義此皇氏之說熊

氏以爲上明賓介二人爲裼襲圭璋特以下又明賓主各自爲裼襲謂朝時用圭璋特賓主俱襲行享時用璧琮加束帛賓主俱裼亦是也凡執玉天子執冒四寸以朝諸侯注云德能覆蓋天下四寸者方以尊接卑以小爲貴又孔安國注顧命云方四寸邪刻之用之以冒諸侯之圭以爲瑞信子男執璧蓋亦刻驗覆之但無以言焉又執鎭圭以朝日及祭天地宗廟知者典瑞云王執鎭圭以朝日又鄭志云祭天地宗廟亦執之是朝日既執鎭圭則夕月亦當然也大宗伯云王執鎭圭注以四鎭之山爲繅飾圭長尺有二寸故玉人云鎭圭尺有二寸天子守之是也其五等諸侯大宗伯又云公執桓圭注云雙植謂之桓桓宫室之象所以安其上也圭長九寸故玉人云命圭九寸公守之是也宗伯又云侯執信圭伯執躬圭注云蓋皆象以人形爲琢飾文有麤縟耳欲其慎行以保身圭皆長七寸故玉人云命圭七寸謂之信圭侯守之命圭七寸謂之躬圭伯守之江南儒者解云直者爲信其文縟細曲者爲躬其文麤略義或然也宗伯又云子執穀璧男執蒲璧注云穀所以養人蒲爲席所以安人不執圭者未成國也言以爲穀稼及蒲葦之文蓋皆徑五寸故大行人云子執穀璧男執蒲璧五寸是也凡圭廣三寸厚半寸剡上左右各寸半知者是聘禮記文其璧則内有孔外有玉其孔謂之好

故爾雅釋器云肉倍好謂之璧好倍肉謂之瑗肉好若一謂之環此謂諸侯所執圭璧皆朝於王及相朝所用也故典瑞前既陳玉則云朝覲宗遇會同於王諸侯相見亦如之是也其公侯伯朝后皆用璋知者以聘禮聘君用圭聘夫人以璋則知於天子及后亦然也其子男既朝王用璧朝后宜用琮以璧琮相對故也鄭注小行人云其上公及二王之後享天子圭以馬享后璋以皮其侯伯子男享天子璧以帛享后琮以錦其玉小大各如其命數知者玉人云璧琮九寸諸侯以享天子是也其諸侯相朝所執之玉與朝天子同其享玉皆以璧享君以琮享夫人知者聘禮璧以享君琮以享夫人明相朝禮亦當然子男相享則降用琥以繡璜以黼故鄭注小行人云其於諸侯亦用璧琮耳子男於諸侯則享用琥璜下其瑞是也其諸侯之臣聘天子及聘諸侯其聘玉及享玉降其君瑞一等故玉人云瑑圭璋八寸璧琮八寸以覜聘是也其藉玉之藻鄭注周禮云繅所以藉玉以韋衣木廣袤各如其玉之大小天子則以五采畫之諸侯則三采子男二采其卿大夫亦二采故典瑞云王五采五就公侯伯三采三就子男二采二就又云瑑圭璋璧琮繅皆二采一就是也熊氏云五采五就者采別二行爲一就故五就也三采三就者亦采別二行爲一就故三就也二采二就者亦采別二行爲一就

故再就也二采一就者以卿大夫卑二采采則別唯一行共爲一就知然者雜記及聘禮記三采六等則知天子諸侯采別爲二等也此是周法其殷以上則禮說含文嘉云天子三公諸侯皆以三帛以薦玉宋均注云其殷禮三帛謂朱白倉象三正其五帝之禮薦玉用一色之帛故鄭注虞書三帛高陽氏之後用赤繒高辛氏之後用黑繒其餘用白繒其餘謂堯舜之諸侯既以采色畫韋衣於板上前後垂之又有五采組繩以爲繫其組上以玄爲天下以黃爲地長尺無事則以繫玉有事則垂爲飾故聘禮記皆玄纁繫長尺絢組注云采成文曰絢繫無事則以繫玉因以爲飾皆用五采組上以玄下以絳爲地是也其裼襲之義者藻藉有二種一者以韋衣木畫之也二者絢組垂之若板之藻藉則當有今言無者據垂之也其垂藻之時則須裼屈藻之時則須襲案聘禮賓至主人廟門之外賈人東面坐啓櫝取圭垂繅不起而授上介注云不言裼襲者賤不裼。以賈賤故不言裼明貴者垂藻當裼也又云上介不襲執圭屈繅授賓注上介不襲者以盛禮不在於已明屈藻合襲也又云賓襲執圭又云公襲受玉於時圭皆屈藻故賓與公執玉皆襲是屈藻之時皆襲則所謂無藉者襲是也聘禮又云賓出公授宰玉裼降立是授玉之後乃裼也又云賓裼奉束帛加璧享是有藉者裼凡朝之與聘賔與主君行禮皆屈而襲至于行享之時皆裼也知者以聘禮行聘則襲受享則裼凡享時其玉皆無藉藻故崔靈恩云初享圭璋特故有藻其餘則束帛加璧既有束帛不須藻凡諸侯朝天子皆行三享之禮故大行人云公侯伯子男並云廟中將幣三享覲禮云四享者鄭注云四當爲三初享或用虎豹之皮其次享三牲魚腊龜金丹漆唯國所有分爲三享皆以璧帛致之若其臣出聘唯行一享故聘禮致夫人聘享唯一享也裼所以異於襲者凡衣近體有袍襗之屬其外有裘夏月則衣葛其上有裼衣裼衣上有襲衣襲衣之上有常著之服則皮弁之屬也掩而不開則謂之爲襲若開此皮弁及中衣左袒出其裼衣謂之爲裼故鄭注聘禮云裼者左袒也一玉之上若垂藻之時其人則裼屈藻之時其人則襲則裼襲不相因表記云裼襲不相因者彼謂各執其物執龜玉者則襲受享者則裼與此同也

○國君不名卿老世婦大夫不名世臣姪娣士不名家相長妾雖貴於其國家猶有所尊也卿老上卿也世臣父時老臣○姪大節反字林丈一反娣大計反相息亮反長丁丈反下注長老同

【疏】國君至長妾○正義曰此一節揔明稱謂之事各依文解之○國君不名卿老

者人君雖有國家之貴猶宜有所敬不得呼其名者也卿老謂上卿上卿貴故曰卿老世婦者謂兩媵也次於夫人而貴於諸妾也言諸侯雖貴不得呼其名也○大夫不名世臣姪娣者世臣父在時老臣也姪是妻之兄女娣是妻之妹從妻來爲妾也大夫不得呼世臣及貴妾名也然王制云大夫不世爵此有世臣者子賢謂襲父爵者也○士不名家相長妾者家相謂助知家事者也長妾妾之有子者也士不得呼此二等人名也不名長妾者熊氏云士有一妻二妾言長妾者當謂娣也故鄭注昏禮云娣尊姪卑義或然也

君大夫之子不敢自稱曰余小子辟天子之子未除喪之名君大夫天子大夫有土地者○辟音避本又作避下同

大夫士之子不敢自稱曰嗣子某亦辟其君之子未除喪之名

不敢與世子同名辟僭傚也其先之生則亦不改世或爲大○僭作念反傚胡孝反

【疏】君大至同名○此以下明孝子在喪擯者接對賓客之辭也君大夫謂天子大夫有地者大夫有地者則亦稱曰君故云君大夫也天子未除喪自稱曰余小子今大夫有地雖同曰君而其子在喪不敢同天子稱余小子也○大夫士之子不

敢自稱曰嗣子某者此諸侯稱大夫士之子也諸侯在喪之嗣子某臣之子避之也○不敢與世子同名者世子謂諸侯之適子也諸侯之臣爲其子作名不得與君適子名同也白虎通云生在稱世子何繫於君也○注辟僭至爲大○正義曰若名子與君世子同則嫌其名自比擬於君故云避僭儗也世子貴不得同則與庶子同不嫌又若其子生在君之世子前已爲名而君來同之此是君來同已不須易也故穀梁昭七年傳云何爲君臣同名君子不奪人親之所名重其所由來也是臣先名君後名同之臣不改也又案雜記云與君之諱同則稱字若先生與世子同名亦當然也諸侯之子不可同天子之子故宜不也異義公羊說臣子先死君父猶名之孔子云鯉也死是已死而稱名左氏說既沒稱字而不名桓二年宋督弑其君與夷及其大夫孔父先君死故稱其字穀梁同左氏說許慎謹案同左氏穀梁說以爲論語稱鯉也死時實未死假言死耳鄭康成亦同左氏穀梁之義以論語云鯉也死有棺而無槨是實死未葬已前也故鄭駁許慎云設言死凡人於恩猶不然況賢聖乎然鯉也死未滿五十鯉死稱伯魚者案冠禮二十已稱伯某甫未必要五十也但五十直稱伯耳焦氏問案春秋君在稱世子君薨稱子某既葬稱子無言嗣子某者也又大夫之子當何稱張逸答曰此避

子某耳大夫之子稱未聞案稱嗣子某或殷禮也○君使士射不能則辭以疾言曰某有負薪之憂射者所以觀德唯有疾可以辭也使士射謂以備耦也憂或爲疾○使音史射市夜反則辭以疾如字本又作有疾爲疾如字本又作疾音救【疏】君使至之憂○正義曰射法每兩人相對以決勝負名之曰耦耦貴賤必對故卿與卿耦大夫與大夫耦或奇餘不足則使士備耦案大射君與賓耦卿大夫自相耦又有士御於大夫又司射誓耦卑者與尊者爲耦不異侯是言士得備預爲耦故此有使士射之禮也○不能則辭以疾者士若不能不得云不能但當自稱有疾也所以然者夫射以表德士既升朝必宜有德若不能則是素餐之辱兼辱君不知人誤用已也○言曰某有負薪之憂者此稱疾之辭也某士名也負檐也薪樵也大樵曰薪詩云析薪如之何匪斧不克是大故用斧也憂勞也言已有檐樵之餘勞不堪射也不直云疾而云負薪者若直云疾則似傲慢故陳疾之所由明非假也然士祿代耕且後問庶人子云能負薪而今云士負薪者亦謙辭也兼言昔未爲士時經檐樵今猶發動昔日之勞也白虎通云天子病曰不豫言不復豫政也諸侯曰負子子民也言憂民不復子之也桓十六年衛

侯朔出奔齊公羊云有疾曰負茲諸侯之疾所以名不同者蓋子茲聲相近其字相亂未知孰是音義隱云天子曰不豫諸侯曰不茲大夫曰犬馬士曰負薪○注使士射謂以備耦也憂或爲疾○正義曰知非士自射而云備耦者熊氏云若其自射不須云使又不應辭以其言使言辭故云備耦

侍於君子不顧望而對非禮也禮尚謙也不顧望若子路帥爾而對（疏）侍於至禮也○正義曰謂多人侍而君子有問若指問一人則一人直對若問多人則侍者當先顧望坐中或有勝己者宜前而已不得率爾先對先對非禮也○注禮尚至而對○正義曰此證問多人而不顧望對者論語云子路曾皙冉有公西華侍於孔子孔子問四人各言其志而子路率爾先對云願治千乘之國而孔子哂之云爲國以禮其言不讓是故哂之

○**君子行禮不求變俗**求猶務也不務變其故俗重本也謂去先祖之國居他國**祭祀之禮居喪之服哭泣之位皆如其國之故謹脩其法而審行之**其法謂其先祖之制度若夏殷（疏）君子至行之○正義曰此一節論臣去本國行禮之事各依文

解之○君子行禮者謂去先祖之國居他國者也求猶務也俗者本國禮法所行也明雖居他國猶宜重本行故國法不務變之從新也如杞宋之臣入於齊魯齊魯之臣入於杞宋各宜行已本國禮法也此云不變俗謂大夫出在他國不變已本國之俗案鄭荅趙商以爲衛武公居殷墟故用殷禮即引此云君子行禮不求變俗如鄭之意不變所往之國舊時風俗與此不同者熊氏云若人臣出居他國亦不忘本故云不變本國風俗人君務在化民因其舊俗往之新國不須改也然則不求變俗其文雖一但人君人臣兩義不同熊氏云必知人君不易舊俗者王制云脩其教不易其俗又左傳定四年封魯因商奄之人封康叔於殷虛啓以商政封唐叔於夏虛啓以夏政皆因其舊俗也案有列於朝有詔於國三代之內喪服爲舊君齊衰三月傳曰三諫不從待放未絕者爵祿尚有列於朝出入尚有詔於國如喪服所云大夫待放之時名爲有列有詔不至三世者熊氏云彼據爲舊君著服故以未去之時名爲有列有詔此據去國之後但有列有詔仍行舊國之禮斷章取證故彼此不同○祭祀之禮者此陳不變之事若祭祀之禮不變即夏立尸殷坐尸周旅酬六尸及先求陰陽犧牲騂黑之屬也居喪之服者殷雖尊貴猶服傍親周則以尊降服○哭位之位者殷不重適以班高處上周

世貴正嗣孫居其首○皆如其國之故者謂故俗也凡上諸事悉不改革行之如本國俗也然上既舉三條餘冠昏之屬從可知也○謹脩其法而審行之者并結前事各令分明謹脩本國之法審慎以行之其法謂其先祖之制度若夏殷子孫在周者悉行其先世之禮是不變俗也

去國三世爵祿有列於朝出入有詔於國

三世自祖至孫踰久可以忘故俗而猶不變者爵祿有列於朝謂君不絶其祖祀復立其族若臧紇奔邾立臧爲矣詔告也謂與卿大夫吉凶往來相赴告○三世盧王云世歲也萬物以歲爲世朝直遥反下皆同復扶又反下復還同紇恨發反徐胡切反沈胡謁反

若兄弟宗族猶存則反告於宗後

謂無列無詔者反告亦謂吉凶也宗後宗子也

【疏】去國至宗後　正義曰此以下明在他國而得變俗者也將明得變改上先明未得者也○去國三世謂三諫不從及他事礙被黜出入新國已經三世者則鄭注云三世自祖至孫也○爵祿有列於朝者謂本國君不絶其祖祀復立族爲後有朝者也○出入有詔於國者出入猶吉凶之事更相往來也詔告也去已三世而本國之君猶爲立後不絶則若有吉凶之事當與本國卿大夫往

來出入共相赴告故云出入有詔於國○注若臧至爲矣○正義曰引之者證有列位也臧紇武仲也時爲季氏家廢長立少故與孟氏相惡遂出奔邾魯人以臧紇有功復立其異母兄臧爲以守先祀是有列也故魯襄二十三年左傳云臧紇奔邾使告臧賈且致大蔡焉曰紇不佞失守宗祧敢告不弔紇之罪不及不祀子以大蔡納請其可賈曰是家之禍非子之過賈聞命矣再拜受龜使爲以納請遂自爲也魯立臧爲紇致防而奔齊是其事也○若兄弟至宗後○此是出已三世而爵祿無列於朝吉凶不相訃告而不仕新國者宗族兄弟謂本國之親宗後後大宗之後也已本國不列不告若宗族猶存兄弟尚在已有吉凶當反還告宗適不忘本故也前告國者亦告兄弟耳然既未仕新國猶用本國禮也音義隱云雖無列於朝有吉凶猶反告於宗後其都無親在故國不復來往也

去國三世爵祿無列於朝出入無詔於國唯興之日從新國之法

以故國與已無恩　興謂起爲卿大夫【疏】去國三世爵祿無列於朝出入無詔至之法○正義曰此猶是論無列無詔而反告宗後者今得仕新國者也但仕新國有異故重言三世也○唯興之日從新國之法者唯興謂已始

仕也雖有宗族相告已仕新國而本國無列無詔故所行禮俗悉改從新也然推此而言若本國猶有列詔者雖仕新國猶行故俗何以知然既云無列而從新明有列理不從也又若無詔而不仕新者不得從新何以知然既云唯興明不興則不從無列無詔唯興之日三世即從新國之制孔子去宋既久父爲大夫尚冠章甫之冠送葬皆從殷制者熊氏云案命命決云上爲制法之主黑綠不代蒼黃聖人特爲制法不與常禮同也○注興謂起爲卿大夫○正義曰鄭注云起爲卿大夫者則若爲士猶卑不得變本也

○**君子已孤不更名**亦重本**已孤暴貴不爲父作謚**子事父無貴賤○爲于僞反謚音示【疏】君子至作謚○正義曰此一節論父沒不可輒改爲名謚之事已孤不更名者不復改易更作新名所以然者名是父之所作父今已死若其更名似遺棄其父故鄭注云亦重本也言亦者亦上行本國之俗上是重本故云亦也已孤暴貴不爲父作謚者此孤不辨老少唯無父則是也暴貴本爲士庶今起爲諸侯非一等之位故云暴貴也謚者列平生德行而爲作美號若父昔賤本無謚而已今暴貴升爲諸侯乃得制謚而不得爲父作謚所以爾者父賤無謚子今雖貴而忽爲造之如似鄙薄父賤

不宜為貴人之父也或舉武王為難鄭荅趙商曰周道之基隆於二王功德由之王迹興焉凡為人父豈能賢乎若夏禹殷湯則不然矣○注子事父無貴賤○正義曰子不得言己昔賤今貴父賤不宜為貴人之父也

居喪未葬讀喪禮既葬讀祭禮喪復常讀樂章為禮各於其時

居喪不言樂祭事不言凶公庭不言婦女非其時也

疏 居喪至婦女○正義曰此一節明行禮各有時之事各隨文解之○居喪者居父母之喪也喪禮謂朝夕奠下室朔望奠殯宮及葬等禮也此禮皆未葬以前○既葬讀祭禮者祭禮虞卒哭祔小祥大祥之禮也○喪復常讀樂章者復常謂大祥除服之後也樂章謂樂書之篇章謂詩也禫而後吉祭故知禫後宜讀之此上三節事須預習故皆許讀之

○振書端書於君前有誅倒筴側龜於君前有誅臣不豫事不敬也振去塵也端正也倒顛倒也側反側也皆謂甫省視之○倒多老反去羌呂反下徹猶去去琴瑟同顛丁田反

疏 振書至有誅○正義曰此一節總明臣當預事并明臣入公門當謹敬之禮也

各依文解之○振書者拂去塵也書簿領也端正也誅責也
臣不豫慎若將文書簿領於君前臨時乃拂整則宜誅責也
○倒筴側龜於君前有誅者倒顛倒也側反側也龜筴君之
卜筮所須也不預周正而來在君前方顛倒反側齊正則有
責罰也○注臣不至視之○正義曰甫
者始也謂不豫整理今於君前始正之

龜筴几杖席蓋重素袗絺綌不入公門

龜筴嫌問國家吉凶几杖嫌
自長老席蓋載喪車也雜記
曰士輤葦席以爲屋蒲席以爲裳帷重素衣裳皆素喪服也
袗單也孔子曰當暑袗絺綌必表而出之爲其形褻○重素
直龍反注同重素衣裳皆素袗之忍
反輤于見反葦于鬼反爲其于僞反

苞屨扱衽厭冠不入公門

此皆凶服也苞藨也齊衰藨蒯之菲也問喪曰
親始死扱上衽厭猶伏也喪冠厭伏苞或爲菲
○苞白表反草也扱初洽反衽而審反厭於涉反藨白表反
一音扶苗反齊衰本又作齌音咨下七雷反下文同蒯苦怪
反菲扶味
反屨也

書方衰凶器不以告不入公門

此謂
喪在
內不得不入當先告君耳方板也士喪禮下篇曰書賵於方
若九若七若五凶器明器也○板字又作版音同賵芳仲反

車馬曰䁥

公事不私議嫌若姦也

（疏）龜筴至公門○正義曰此以下明臣物不得入君門者也○龜筴者謂臣之龜筴也將入嫌問國家吉凶○几杖者臣之几杖也若將入謂欲驕矜嫌自長老○席蓋者喪車蓋也臣有死於公宮可許將柩出門不得將喪車凶物入也車比棺爲緌宜停外也○重素者衣裳皆以素謂遭喪之服也亦不宜著入也○袗絺綌者袗單也絺綌葛也上無衣表則肉露見爲不敬故不著入也○不入公門者并結上諸條事皆不得入也若尸乘以几至廟門及入十杖於朝則几杖得入公門也○注龜筴至形褻○正義曰引雜記證席蓋是喪車也輤喪車邊牆也在上曰屋在邊曰裳帷士喪車用葦席爲上屋蒲席以爲邊牆也然天子諸侯染布爲帷色大夫但布而不染士用席而亦言輤者因天子輤通名也今言席蓋謂士耳舉士爲例卿大夫喪車亦不得入云重素衣裳皆素喪服也者若臣之待放衣裳皆素既是待放本無得入公門之理此云重素不入公門者謂私服又文王世子公族有死罪公親素服唯君得素服入臣則不可引論語證入公門不單也形褻謂肉露見也○苞屨至公門○苞屨謂藨蒯之草爲齊衰喪屨○扱衽者親始死孝子徒跣扱上衽也○厭冠者喪冠也厭帖無者彊爲五服喪所著也○不入公門者

此并五服之內喪服差次不合入不得著入公門也苞謂杖
齊衰之屨故喪服杖齊衰章云疏屨者藨蒯之菲也此云苞
屨扱衽不入公門服問云唯公門有稅齊。注云不杖齊衰也
於公門有免齊衰則大功有免經也如鄭之言五服入公門
與否各有差降熊氏云父之喪唯扱上衽不入公門冠經衰
屨皆得入也杖齊衰則屨不得入不杖齊衰衰又不得入其
大功經又不得入其小功以下冠又不得入此厭冠者謂小
功以下之冠故云不人公門凡喪冠皆厭大功以上厭冠宜
得入公門也凡喪屨案喪服斬衰用菅屨杖齊衰用苞不杖
齊衰用麻大功用繩故小記云齊衰三月與大功同者繩屨
其小功以下鄭引舊說云小功以下吉屨無絇。書方者此
謂臣有死於公宮應須凶具此下諸物並宜告而後入者也
書謂條錄送死者物件數目多少如今死人移書也方板也
百字以上用方板書之故云書方也。衰者孝子喪服也。
凶器者棺材及棺中服器也。不以告不入公門者臣在公
宮而死營凶器所須而不得輒將入公門故須告也然衰之
屬今厭冠苞屨尚不入云衰告乃入者熊氏云上不入謂公
宮庫雉路之門今此不入公門者國城之門謂卿大夫之喪
從外來書方衰凶器須告乃入今謂既同稱公門又國城之
內百姓民衆所居方衰凶器須告乃入事恐非也蓋公門非

一或是公之外門及百官治事之處君許其在內殯及將葬之禮故有明器書方須告乃入○注士喪至器也○正義曰證喪禮書方也送死者車馬曰賵衣服曰襚亦通曰賵若九若七等謂書送物於板行列之數多少物多則九行少則七行五行也○君子將營宮室宗廟爲先廄庫爲次居室爲後重先祖及國之用○廄九又反○凡家造祭器爲先犧賦爲次養器爲後大夫稱家謂家始造事犧賦以稅出牲○凡家造才早反一本作凡家造器器行字犧許宜反養養羊尚反一如字無田祿者不設祭器有田祿者先爲祭服祭器可假祭服宜自有君子雖貧不粥祭器雖寒不衣祭服爲宮室不斬於丘木廣敬鬼神也粥賣也丘壟也○粥音育衣於既反【疏】凡家至丘木○正義曰此一節摠論大夫所造祭器衣服并明祭器所寄之事各依文解之○凡家造謂大夫始造家事也大夫稱家○祭器爲先者崇敬祖禰故在先犧賦爲次者諸侯大夫少牢此言犧

謂牛即是天子之大夫祭祀賦斂邑民供出牲牢故曰犧賦○養器爲後者養器供養人之飲食器也自贍爲私宜後造然諸侯言宗廟大夫言祭器諸侯言廄庫居室大夫言犧賦養器者互言也此據有地大夫故得造祭器若無田祿者但爲祭服耳其有地大夫祭器祭服俱造則先造祭服乃造祭器此言祭器爲先者對犧賦養器爲先其實在祭服之後○無田至祭服○鄭明得造祭器此明不得造者下民也若大夫及士有田祿者乃得造器猶不具唯天子大夫四命以上者得備具若諸侯大夫非四命無田祿則不得造故禮運云大夫聲樂皆具祭器不假非禮也據諸侯大夫言之也熊氏以禮運據天子大夫得造不得具非也○有田祿者先爲祭服者若有田祿雖得造器而先爲祭服後爲祭器耳所以然者緣人形參差衣服有大小不可假借故宜先造而祭器之品量同官可叚以共有以其制同既可暫假故營之在後○

大夫士去國祭器不踰竟此用君祿所作取以出竟恐辱親也○去國祭器不踰竟音境注及下同一本作大夫士去國下去國踰竟亦然

大夫寓祭器於大夫士寓祭器於士寓寄也與得用者言寄覬已後還○寓魚具反覬音冀

【疏】

大夫至於士○正義曰此以下明人臣三諫不從去國之禮○祭器不踰竟者既明出禮先從重物爲始也踰越也此祭器是君祿所造今既放出故不得自隨越竟也注云此用至親也無德而出若猶濫用其器是辱親也隱義云嫌見奪故云恐辱親也大夫寓祭器於大夫士寓祭器於士者寓猶寄也既不將去故留寄其同僚必寄之者冀其復還得用也魯季友奔陳國人復之傳曰季子來歸是也○注寓寄至後還○正義曰此解言寄之義也夫物不被用則生蟲蠹故寄於同官令彼得用不使毀敗冀還復用大夫士義皆然也

大夫士去國踰竟爲壇位鄉國而哭素衣素裳素冠徹緣鞮屨素簚乘髦馬不蚤鬋不祭食不說人以無罪婦人不當御三月而復服

言以喪禮自處也臣無君猶無天也壇位除地爲位也徹猶去也鞮屨無絇之菲也簚覆笭也髦馬不鬄落也蚤讀爲爪鬋鬋鬚也不自說於人以無罪嫌惡其君也御接見也三月一時天氣變可以遂去也簚或爲幕○壇徐音善注同鄉許亮反緣悅絹反鞮都兮反又徒兮反鞮屨屨無絇簚本又作幭

莫歷反注同白狗皮覆笭髦音毛蚤依注音爪謂除爪也鬋子淺反絇求俱反笭力丁反車闌鬄吐歷反又他計反說亦劣反又如字惡烏路反見賢遍反下文大夫至復服○見國君注謂見同幕莫歷反又音莫〔疏〕正義曰此大夫士三諫而不從出在竟上大夫則待放三年聽於君命若與環則還與玦便去隱義云去國當待於也若士不待放臨去皆行此禮也○爲壇位鄉國而哭者壇者除地而爲壇臣之無君猶人無天也嫌去父母之邦有桑梓之戀故爲壇鄉國而哭以喪禮自變處也所以待放必三年者三年一閏天道一變因天道變望君自改也然在竟未去聽君環玦不謂待歸而謂待放者既已在竟不敢必放言唯待君見放乃去也○素衣素裳素冠者今既離君故其衣裳冠皆素爲凶飾也○徹緣者緣中衣緣也素服裏亦有中衣若吉時中衣用采緣此既凶喪故徹緣而純素○鞮屨者謂無絇飾屨也屨以絇爲飾凶故無絇也士冠禮云玄冠黑屨青絇博寸鄭云絇之言拘也以爲行戒狀如刀衣鼻在屨頭故解者云古屨以物繫之爲行戒故用繒一寸屈之爲絇絇爲鼻著屨頭以容受繫穿貫也其屈之形似漢時刀衣鼻也其色或青或黑不同○而冠禮屨夏用葛冬用皮又各隨裳色今素裳則屨白色也○素蔑者素白狗皮也簚車覆蘭也禮人君羔幦虎犆大

夫鹿幦豹犆今此喪禮故用白狗皮也既夕禮云主人乘惡車白狗幦是也然吉凶覆笭不必用皮者象始服牛馬初當用皮爲覆○乘髦馬者吉則翦剔馬毛爲飾凶則無飾不翦而乘之也○不蚤鬋者以治手足爪也鬋剔治鬚髮也吉則治翦爲飾凶故不翦也士虞禮曰蚤翦謂爪翦鬚也○不祭食者祭祭先也夫食盛饌則祭食之先喪凶故不祭也○不說人以無罪者善則稱君過則稱已今雖放逐猶不得鄉人自說道已無罪而君惡故見放退也○婦人不當御者御接見也吉時婦人以次侍御寢宿今喪禮自貶故不也○三月而復服者自貶三月然後事事反還如吉禮而遂去也所以三月者爲一時天氣一變故三月人情亦宜易也○注鞮屨無絇之菲也○正義曰知鞮是無絇之屨者案周禮屨人屨舄皆有絇繶純案鞮屨氏無絇繶之文故知是無絇之菲也云髦馬不鬄落也者以其稱髦馬與童子垂髦同故知不鬄落鬈鬣案大戴禮王度記云大夫俟放於郊三年得環乃還得玦乃去此踰國三月乃行不同者得玦之後從郊至竟三月之內而行此禮也

大夫士見於國君君若勞之則還辟再拜稽首 謂見君既拜矣而後見勞也聘禮曰君勞使者及介君皆荅拜○勞力報反注及下君勞

同辟婢亦反下同還辟逡巡也使色吏反

君若迎拜則還辟不敢答拜

嫌與君亢賓主之禮迎拜謂君迎而先拜之聘禮曰大夫入門再拜君拜其辱

疏 大夫至答拜○正義曰此一節論君臣男女相答拜之法各依文解之○大夫士見於國君者謂大夫士出聘他國君之禮君若勞之則還辟再拜稽首者勞慰勞也還辟逡巡也初至行聘享私覿禮畢而主君又別慰勞已在道路之勤故已逡巡而退者辟君之答已之意也○案聘禮行聘享及私覿訖賓出主君送至大門內主君問聘君問大夫竟乃云公勞賓賓再拜稽首公答拜公勞介介再拜稽首公答拜即此大夫出聘他國君勞之是也聘禮無還辟之文者文不備也○注謂見至答拜○正義曰案聘禮勞賓之前不見賓先拜此云賓既拜矣謂賓初行私覿之時已拜主君矣在後始主君勞故曰既拜矣而後見勞引聘禮者證君勞賓再拜之事熊氏以爲唯云大夫士謂小聘大夫爲賓士爲介故也今謂大聘小聘皆然故鄭引聘禮以證之此大夫之中則含卿也知者以此經揔云大夫不別言卿故知大夫含卿也君若迎拜則還辟不敢答拜者君若迎先拜賓賓是使臣不敢當禮則還辟逡巡不敢答主君之拜○注嫌與至其辱○正義曰此主君迎拜者謂聘賓初至主

國大門外主君迎而拜之故聘禮云賓入門左公再拜賓辟不荅拜是也故鄭引聘禮大夫入門再拜君拜其辱者初入門主君再拜其辱也

大夫士相見雖貴賤不敵主人敬客則先拜客客敬主人則先拜主人尊賢

疏 大夫士相見至則先拜主人○正義曰此謂使臣行禮受勞已竟次見彼國卿大夫也唯賢是敬不計賓主貴賤雖爲大夫而德劣亦先拜有德之士也謂異國則爾同國則否又士相見禮若先生異爵者謂士則先拜之此則不必同國也

凡非弔喪非見國君無不荅拜者禮尚往來喪賓不荅拜不自賓客也國君見士不荅其拜士賤○非見賢遍反下大夫見士見下注拜見同

疏 凡非至拜者○正義曰此明禮尚往來也已雖賢德而必皆相荅拜也凡拜而不荅拜者唯有弔喪也士見已君此二條耳弔所以賓不荅拜者已本來爲助執於喪事非行賓主之禮故主人雖拜已已不荅也故士喪禮有賓則拜之賓不荅拜是也君不荅士者謂士見已君君尊不荅也○注國君至拜士賤○正義曰案聘禮士介四人君皆荅拜者以其他國之士故也

大夫見於

國君國君拜其辱士見於大夫大夫拜其辱同國始相見主人拜其辱自外來而拜拜見也自內來而拜拜辱也君於士不荅拜也非其臣則荅拜之不臣人之臣大夫於其臣雖賤必荅拜之辟正君辟音避○男女相荅拜也嫌遠別不相荅拜以明之○相荅拜一本作不相荅拜皇云後人加不字耳別彼列反疏大夫至相荅拜也○正義曰辱謂見他國君也故聘禮云公在門左拜拜是拜其辱也○士見於大夫大夫拜其辱者謂平常相荅拜拜非加敬也故聘禮賓朝服問卿卿迎於廟門外再拜是主人必拜辱也士相見禮士見大夫於其人也主人一拜賓退送又再拜熊氏以爲同國大夫見己君君拜其辱者以初爲大夫敬之故也若尋常則不拜也○同國始相見主人拜其辱者前是異國此明同國同國則主人必先拜辱不論有德也○君於士不荅拜也非其臣則荅拜之君於己士以其賤故不荅拜然聘禮云聘使還士介四人君旅荅拜者敬其奉使而還士相見禮士見國君君荅拜者以其初爲士敬之

故也○非其臣則荅拜之者以其他國之士非己尊所加故荅之也○大夫於其臣雖賤必荅拜之者大夫爲君宜辟正君故不辨己臣貴賤皆荅拜也○男女相荅拜也者男女宜别或嫌其不相荅故明雖别必宜荅也俗本云男女不相荅拜禮男女拜悉相荅拜則有不梁爲非故鄭云嫌遠别不相荅拜以明之○國君春田不圍澤大夫不掩羣士不取麛卵生乳之時重傷其類○麛音迷卵力管反乳如注反【疏】國君至麛卵○正義曰此明貴賤田獵不同國君諸侯也春時萬物産孕不欲多傷殺故不合圍繞取也夏亦當然○大夫不掩羣者羣謂禽獸共聚也羣聚則多不可掩取之○士不取麛卵者麛乃是鹿子之稱而凡獸子亦得通名也卵鳥卵也春方乳長故不得取也然國君春田不圍澤也則天子春圍大夫春不掩則國君春掩也士春不取麛卵則大夫春取也而王制云天子不合圍諸侯不掩羣則與此異者彼上云天子諸侯無事則歲三田鄭云三田者謂夏不田謂夏時也案周禮四時田而云三田者下因云不合圍則知彼亦夏禮也又史記湯立三面網而天下歸仁亦是不合圍也此問所明周制矣○歲凶年穀不登登成也君膳不祭

肺馬不食穀馳道。不除祭事不縣大夫不食粱士飲酒不樂皆自爲貶損憂民也禮食殺牲則祭先有虞氏以首夏后氏以心殷人以肝周人以肺不祭肺則不殺也天子食日少牢朔月大牢諸侯食日特牲朔月少牢除治也不治道爲妨民取蔬食也縣樂器鍾磬之屬也粱加食也不樂去琴瑟。肺音芳廢縣音玄下同爲如字舊音于僞反下爲妨音于僞反【疏】歲凶至飲酒不樂。正義曰此下明凶荒人君憂民自貶退禮也。歲凶者謂水旱災害也年穀不登者歲既凶荒而年中穀稼不登登成也然年歲雖通其亦有異鄭注太史職中數曰歲朔數曰年釋者云年是據有氣之初歲是舉年中之稱故云朔數曰年中數曰歲也。君膳不祭肺者膳美食名禮天子食日少牢朔月太牢諸侯食日特牲朔月少牢夫盛食必祭周人重肺故食先祭肺歲既凶饑故不祭肺則不殺牲也。馬不食穀者年豐則馬食穀今凶年故不食也。馳道不除者馳道正道如今御路也是君馳走車馬之處故曰馳道也除除治也不治謂不除於草萊也所以不除者凶年人各應採蔬食今若使人治路則廢取蔬食故不除也祭事不縣者樂有縣鍾磬因曰縣也凶年雖祭而不作樂也自貶損故先言膳後言祭○大夫不食粱者大夫食黍稷以粱爲加故凶年去之也○士飲酒不樂者士平常飲酒奏樂今凶年猶許飲酒但不奏樂也○君膳不祭肺以下及士飲酒不樂各舉一邊而言其實互而相通但君尊故舉不殺牲及不縣之等大者而言大夫士卑直舉飲酒之小者言耳○注有虞至琴瑟○正義曰此明堂位文引之者證不祭肺天子食日少牢朔月大牢諸侯食日特牲朔月少牢此玉藻文引之者證天子諸侯非凶年常食殺牲之事案周禮膳夫云王日一舉太牢不引膳夫而引玉藻者以膳夫秖有王禮玉藻兼載天子諸侯此經云君膳不祭肺又連言大夫士是其文既廣故引玉藻天子諸侯爲證也玉藻所以異膳夫者膳夫是周之正禮玉藻是衰世之法故鄭志云作記之時或諸侯同天子或天子與諸侯同作記者亂之耳云粱加食也者以其公食大夫禮設正饌之後乃設稻粱以其是加也此歲凶者案襄二十四年冬大饑穀梁傳曰五穀不升爲大饑一穀不升謂之嗛二穀不升謂之饑三穀不升謂之饉四穀不升謂之康五穀不升謂之大侵大侵之禮君食不兼味臺榭不塗弛侯廷道不除百官布而不制鬼神禱而不祀此云歲凶與彼大侵同也此膳而不祭肺則食不兼味也此祭事不縣謂祈禱之祭則與大侵禱而不祀一也白虎通云一穀不升徹鶉鷃二

穀不升徹鳬鴈三穀不升徹雉兎四穀不升損司獸五穀不升不備三牲其不備三牲與此君膳不祭肺同也 君無故玉不去身大夫無故不徹縣士無故不徹琴瑟憂樂不相干也故謂災患喪病○樂音洛

疏 君無無至琴瑟○正義曰此明無災者也君諸侯也玉謂佩也君子於玉比德故恒佩玉明身恒有德也且以玉爲容飾無故則有容飾故佩玉也○大夫無故不徹縣者徹亦去也無災變則不去樂也○士無故不徹琴瑟者此無災則亦不去也故鄭前注士不樂去琴瑟取此文琴瑟此是不命之士爾若其命士則特縣也自士以上皆有玉佩上云君無故不去玉則知下通於士也下言士不去琴瑟亦上通於君也但比德爲重故君上明之也又大夫言縣士言琴瑟亦互言耳但縣勝故大夫言之也○注憂樂至喪病○正義曰災水火也熊氏云案春秋説題辭樂無大夫士制鄭玄箴膏肓從題辭之義大夫士無樂小胥大夫判縣士特縣者小胥所云娛身之樂及治人之樂則有之也故鄉飲酒有工歌之樂是也縣題辭云無樂者謂無祭祀之樂故特牲少牢無樂若然此云大夫不徹縣士不徹琴瑟者謂娛身及治民之樂也

士有獻於國君他日

君問之曰安取彼再拜稽首而后對起敬也○〔疏〕士有至后對○正義曰此一節論大夫士饋獻之事各依文解之○士有獻者謂士有物奉貢於君也○他日君問之曰安取彼彼者他日謂別日也非是獻物之日安取彼猶何處取彼物別日君問士云何處得前所獻之物所以須問者士卑德薄嫌其無有也不即問而待他日者士有貢獻當日乃自致於外而不敢容易見恐君荅己拜故別日乃見君君得問之也○再拜稽首而后對者士聞君問故先拜稽首而後起對得物所由

大夫私行出疆必請反必有獻士私行出疆必請反必告臣不敢自專也私行謂以己事也士言告者不必有其獻也告反而已○疆居良反下同

君勞之則拜問其行拜而后對亦起敬也問行謂道中無恙及所經過○恙音羊尚反〔疏〕大夫私行至拜而后對○正義曰私行謂非爲君行也疆界也既非公事故宜必請也然大夫無外交而此有私行出界或是新來大夫姻婭猶在本國故有私行往來但不得執交於外耳○反必有獻者大夫有德必能招人餉遺故還必有獻有獻由

德亦示君知賢無異志○士私行出疆必請者出與大夫同也○反必告者還與大夫異也士德劣故不必有獻但必知還而已○君勞之則拜者大夫士通如此謂行還而君若慰勞己之勞苦則已拜之也或有本云士有獻字非也○問其行拜而後對者君若問其行道中無恙及遊涉所至則又拜拜竟而起對也先拜後荅急謝見問之恩也○

國君去其國止之曰奈何去社稷也大夫曰奈何去宗廟也士曰奈何去墳墓也 皆民臣殷勤之言

國君死社稷 死其所受於天子也謂見侵伐也春秋傳曰國滅君死之正也

大夫死衆士死制 死其所受於君衆謂君師制謂君教令所使爲之

疏 國君至死制○正義曰此一節論國君以下去國臣民止留之辭及死其所守之事各依文解之○國君去其國者謂諸侯去國而其臣民止留殷勤之辭也奈何猶言如何也國主社稷君去故云去社稷異義公羊說國滅君死正也故禮運云君死社稷無去國之義左傳說昔大王居豳狄人攻之乃踰梁山邑於岐山故知有去國之義也許慎謹案易曰係遯有疾厲畜臣妾吉知諸侯無去國之義也

鄭不駁之明從許君用公羊義也然則公羊之說正禮左氏之說權法義皆通也○大夫曰奈何去宗廟也者大夫去國謂三諫不從或以罪見黜者亦臣民止留之辭也大夫無社稷故云宗廟也故孝經云諸侯保其社稷大夫守其宗廟也○士曰奈何去墳墓也士亦謂三諫不從及或以罪見黜雖無臣民而屬吏止之也士亦有廟辟大夫言墳墓亦與大夫互也然孝經云士保其祿位而守其祭祀今不云祭祀者明雖去此之彼而猶得祭祀但墳墓不隨耳○國君至死制○國君體國國以社稷爲主若有寇難則以死衛之故不可去也注云死其所受於天子也謂見侵伐也鄭又引公羊襄六年傳云國滅君死之正也以證之是也○大夫死衆者大夫職主領衆衆將軍若四郊多壘則爲己辱故有寇難當保國必率衆禦之以死爲度士死制者制謂君教命所使也雖不得率師若君命使之則唯致死熊氏云上云國君去社稷此云死社稷上云大夫去宗廟士去墳墓此不云大夫死宗廟士死墳墓而云死衆死制者以宗廟墳墓已私有之大夫士爲臣事君不可爲私事而死秖得死君之師衆及君政令然君言死社稷則宗廟墳墓亦死可知也但社稷受於天子故特舉言

○君天下曰天子朝諸侯分職授政任功焉

曰予一人皆擯者辭也天下謂外及四海也今漢於蠻夷稱天子於王侯稱皇帝覲禮曰伯父實來余一人嘉之余予古今字○分方云反徐扶問反擯必刃反予一人依字音羊汝反鄭云余予古今字則同音餘

疏君天至一人○正義曰此一節論天子稱謂之事各依文解之○君天下者天下謂七千里外也天子若接七千里外四海之諸侯則擯者稱天子以對之也所以然者四海難伏宜尊名以威臨之也不言王者以父天母地是上天之子又爲天所命子養下民此尊名也崔靈恩云夷狄不識王化無有歸往之義故不稱王臨之也不云皇者戎狄不識尊極之理皇號尊大也夷狄唯知畏天故舉天子威之也○朝諸侯者此謂接七千里以內諸侯也○授政者謂所縣象魏之法授於諸侯也○任功者謂使人專掌委任之功若五侯九伯汝實征之也○曰予一人者予我也自朝諸侯以下皆是內事故不假以威稱但自謂予一人者言我是人中之一人與物不殊故自謙損白虎通云王自謂一人者謙也欲言己才能當一人耳故論語云百姓有過在予一人臣下謂之一人者所以尊王者也以天下之大四海之內所共尊者一人耳○注皆擯至天子○正義曰知擯者之辭者以覲禮云擯者曰伯父實來予一人嘉之此經亦稱予一人故知擯者辭引漢

禮於夷狄稱天子者證此經君天下謂夷狄之內也異義天子有爵不易孟京說易有周人五號帝天稱一也王美稱二也天子爵號三也大君者興盛行異四也大人者聖人德備五也是天子有爵古周禮說天子無爵同號於天何爵之有許慎謹案春秋左氏云施於夷狄稱天子施於諸夏稱天王施於京師稱王知天子非爵稱同古周禮義鄭駁云案士冠禮云古者生無爵死無謚自周及漢天子有謚此有爵甚明云無爵失之矣若杜預之義天子王者之通稱故成公八年天子使召伯來賜公命魯非夷狄稱天子莊元年冬王使榮叔來錫桓公命魯非京師而單稱王是無義例其許慎服虔等依京師曰王夷狄曰天子與此不同具有別說

踐阼臨祭祀內事曰孝王某外事曰嗣王某皆祝辭也唯宗廟稱孝天地社稷祭之郊內而曰嗣王不敢同外內○皆祝辭本或作皆祝祝辭也下祝字之又反又之六反

【疏】踐阼至王某○正義曰踐履也阼主人階也天子祭祀升阼階天子吉凶之稱凡自稱及擯者之辭曰予一人故玉藻云凡自稱天子曰予一人是也在喪未葬自稱曰小童故僖九年在喪未葬王曰小童是也若既葬之後未踰年則稱名稱子故昭二十二年六月葬景王冬十月王子猛

卒是也若踰年之後三年之內稱予小子故下文云天子未除喪曰予小子是也若三年除喪稱王故公羊文九年傳云天子三年然後稱王是也或稱予或稱我故泰誓云予克受又曰我友邦冢君是也或稱朕故湯誥云朕躬有罪是也其祝告神之辭則下文云內事曰孝王某外事又嗣王某曰曰天王某甫是也其史書策辭下文云天王崩其招魂之辭其下文云天子復矣是也其謙虛卑退或稱小子湯誓云非台小子是也或曰不穀僖二十四年左傳云不穀不德得罪于母弟之寵子帶是也或曰寡人故中候洛予命湯東觀於洛云寡人慎機是也踰年則稱王者據臣子稱也若王自稱必待三年顧命成王殯未能踰年稱予一人者熊氏云天下不可一日無王故也今謂予一人者以麻冕黼裳即位受顧命從吉故暫稱一人也履主階行事故云踐阼也○臨祭祀者謂天子臨郊廟之祭祀也○內事曰孝王某者內事宗廟是事親事親宜言孝故升阼階祭廟則祝辭云孝王某某為天子名也外事曰嗣王某者外事郊社也天地尊遠不敢同親云孝故云嗣王某言此王繼嗣前王而立也○注皆祝至內外○正義曰天子以四郊為外圓丘方澤明堂社稷皆在郊內應稱孝而猶同外辭曰嗣王者尊天地雖祭之郊內猶從外辭崔靈恩云天地社稷是外神而祭之郊內不敢外之今

案鄭注云而曰嗣王不敢同外内則是唯於嗣王之稱有外内不關祭祀之處崔所云天地祭之在内不敢外恐非鄭義謂不敢外内者若宗廟之祭從内事之例而祭辭稱孝若凡常山川并岳瀆之神祭之在外之例而辭稱嗣是在内從内辭在外從外辭今天地社稷既尊不敢同外内之例雖祭之在内而用外辭天地是尊不敢同外内之常例也

臨諸侯畛於鬼神曰有天王某甫畛致也祝告致於鬼神辭也曰有天王某甫某甫且字也不名者不親往也周禮大會同過山川則大祝用事焉鬼神謂百辟卿士也畛或爲祇○畛之忍反父音甫注同大祝音泰下文注除太宗皆同辟必亦反○

【疏】臨諸至某甫○正義曰此謂天子巡守祝告神辭也巡守徧於方岳臨視諸侯故曰臨諸侯也鄭云以尊適卑曰臨○畛於鬼神者畛致也王往方岳凡所過山川悉使祝往致辭告於山川鬼神也○曰有天王某甫者既不自往故祝辭不稱名而云某甫者鄭云且字也解且字者云某是天子之字甫是男子美稱也祝稱天子字而下云甫是尼父之類也故穀梁傳云父猶傅也男子美稱也士冠禮注曰甫丈夫美稱而雜記附於殤稱陽童某甫鄭注云尊神不名爲之造字以此而言某者是字甫者丈夫美稱而鄭所以謂爲且字

者舊說云未斥其人且以美稱配成其字音義隱云且假借
此字也。注眇致至事。正義曰致°鬼神謂天子所行過諸
侯之國則止於諸侯之廟而使太祝告鬼神云有天王某甫
鬼神謂百辟卿士者謂昔爲諸侯卿士者若過山川亦使太
祝用事往告曰有某甫
故引太祝職以證之。**崩曰天王崩**史書策辭**復曰天子**
復矣始死時呼魄辭也不呼名
臣不名君也諸侯呼字。〔疏〕崩曰至復矣。正義
曰此謂告王者升假
而史書載於方策之辭崩者自而°墜下曰崩王者死如從天
墜下故曰崩也然崩通於壞敗之稱則防墓崩及春秋沙鹿
崩是也復曰天子復矣者復招魂復魄也夫精氣爲魂身形
爲魄人若命至終畢必是精氣離形而臣子罔極之至猶望
應生故使人升屋北面招呼死者之魂令還復身中故曰復
也若漫招呼則無指的故男子呼名婦人呼字令魂識知其
名字而還王者不呼名字者一則臣子不可名君二則普天
率土王者一人而已故呼天子復而王者必知呼已而返也
以例而言之則王后死亦呼王后復也崔靈恩云復所以呼
天子者凡王者皆感五精之帝而生是天之子今天王崩是
其精氣還復於上呼
稱天子望更生之義**告喪曰天王登假**告赴也登上
也假已也上

已者若僊去云耳。假音遐注同登上時掌反下同僊音仙。**措之廟立之主曰帝**同之天神春秋傳曰凡君卒哭而祔祔而作主。措七故反置也祔音附**天子未除喪曰予小子**謙未敢稱一人春秋傳曰以諸侯之踰年即位亦知天子之踰年即位以天子三年然後稱王亦知諸侯於其封内三年稱子**生名之死亦名之**生名之曰小子王死亦曰小子王也晉有小子侯是僭取於天子號也

疏 告喪至名之。正義曰此謂天王崩而遣使告天下萬國之辭也登上也假已也言天子上升已矣若僊去然也而史策書云天王崩復曰天子復赴云天王登假三稱不同者爲義然也王是歸往而策及赴告是有存亡往來之義故崩赴並言之也。措之廟立之主者措置也王葬後卒哭竟而祔置於廟立主使神依之也白虎通云所以有主者神無依據孝子以繼心也主用木木有始終又與人相似也蓋記之。爲題欲令後可知也方尺或曰尺二寸鄭云周以栗漢書前方後圓五經異義云主狀正方穿中央達四方天子長尺二寸諸侯長一尺。曰帝者天神曰帝今號此主同於天神故題稱帝云文帝武帝之類也崔靈恩云古者帝王生死同稱生稱帝者死亦稱帝生稱王者死

亦稱王今云措之廟立之主曰帝者蓋是爲記時有主入廟稱帝之義記者録以爲法也○注同之至作主○正義曰此是左傳僖三十三年之言也天子七月而葬九月而卒哭諸侯五月而葬七月而卒哭大夫三月而葬五月而卒哭士三月而葬是月而卒哭卒哭者是葬竟虞數畢後之祭名也孝子親始死哭晝夜無時葬後虞竟乃行神事故卒其無時之哭猶朝夕各一哭故謂其祭爲卒哭卒哭明日而立主祔於廟隨其昭穆從祖父食卒哭主暫時祖廟畢更還殯宫至小祥作栗主入廟乃埋桑主於祖廟門左埋重處故鄭云虞而作主至祔奉以祔祖廟既事畢反之殯宫然大夫士亦卒哭而祔而左傳雖據人君有主者言之故云凡君鄭注祭法云大夫士無主也此言凡君明不關大夫士也崔靈恩云大夫士無主以幣帛祔祔竟並還殯宫至小祥而入廟也又檀弓云重主道也鄭注引公羊傳云虞主用桑練主用栗則似虞已有主而左傳云祔而作主二傳不同者案說公羊者朝葬日中則作虞主若鄭君以二傳之文雖異其意則同皆是虞祭揔了然後作主以作主去虞實近故公羊上係之於虞作主謂之虞主又作主爲祔所須故知左氏據祔而言故云祔而作主故異義云古春秋左氏說既葬反虞天子九虞九虞者以柔日九虞十六日也諸侯七虞十二日也大夫五虞八

日也士三虞四日也既虞然後祔死者於先死者祔而作主謂桑主也期年然後作栗主許愼謹案左氏說與禮記同鄭君不駁明同許意故注檀弓云重既虞而埋之乃後作主是揔行虞祭竟乃埋重作主耳下檀弓云虞而立尸有几筵卒哭而諱生事畢而鬼事始已既卒哭宰夫執木鐸以命於宮中曰舍故而諱新鄭云故謂高祖之父當遷者據檀弓文句相連鄭乃以爲人君之禮明虞唯立尸未作主也○天子未除喪曰予小子者夫適嗣於初喪但人子當未忍即受天王之稱故不曰予一人而稱予小子者言我德狹小也○注春秋至稱子○正義曰鄭所引者文九年公羊傳文案公羊傳說文八年八月天王崩九年毛伯來求金公羊云踰年矣何以不言王使未稱君也以諸侯踰年即位亦知天子之踰年即位也以天子三年然後稱王亦知諸侯於其封内三年稱子也若然天子踰年即位無文約魯十二公諸侯三年内稱子亦無文約天子踰年不稱使也是天子諸侯互相明也引之者證天子三年之内稱予小子也又準左傳之義諸侯薨而嗣子即位凡有三時一是始喪即適子之位二是踰年正月即一國正君臣之位三是除喪而見於天子天子命之嗣列爲諸侯之位今此公羊踰年即位是遭喪明年爲元年正月即位白虎通云父沒稱子某屈於尸柩也既葬稱子者即

尊之漸也踰年稱公者緣民臣之心不可一日無君終始之義不可一年二君故踰年即位保民臣之心也三年後受爵者緣孝子之恩未忍安吉故僖三十二年十二月乙巳公薨於小寢文公元年正月公即位四月丁巳葬韓詩內傳曰諸侯世子三年喪畢上受爵命於天子乃歸即位何明爵天子有也臣無自爵之義是也童子亦當受爵命使大夫就其國命之不與童子爲禮也○生名之死亦名之者嗣王既呼爲小子若於喪中而死亦謚爲小子王喪質故不變稱也○注生名至號也○正義曰以晉爲證也晉有小子侯哀侯之子也魯桓公七年左傳曲沃伯誘晉小子侯殺之是在喪而死猶呼爲小子侯也其應稱嗣子某不得同天子稱小子是僭取之耳

○**天子有后有夫人有世婦有嬪有妻有妾**妻八十一御妻周禮謂之女御以其御序於王之燕寢妾賤者○嬪音頻

疏 天子至有妾○正義曰此一節總論立男官女官之事各隨文解之○天子有后者天子立官則先從后妃爲始所以然者爲治之法刑於寡妻始於家邦終於四海故刪詩則以后妃爲首若論氣先陰後陽故此言天子有后也謂之爲后者后後也言其後於天子亦以廣後胤也○有夫人者夫扶也言扶持於王也○有世婦者

婦服也言其進以服事君子也以其猶貴故加以世言之亦廣世婦也。有嬪者嬪婦人之美稱可賓敬也。有妻者鄭注內則云妻之言齊也以禮見問得與夫敵體也案彼是判合齊體者今此言齊者以進御於王之時暫有齊同之義。有妾者鄭注內則云妾之言接也聞彼有禮走而往焉以得接見於君子也周禮則嬪在世婦上又無妾之文也今此所陳與周禮雜而不次者記者之言不可一依周禮或可雜夏殷而言之鄭注檀弓云舜不告而娶不立正配但三夫人夏則因而廣之增九女則十二人所增九女者則九嬪也故鄭云春秋說云天子娶十二人夏制鄭又云殷增三九二十七人摠三十九人所增二十七世婦也周又三二十七人。因爲八十一人則女御也。注周禮至賤者。正義曰解周一名爲女御之義以其御於王之燕寢御法案周禮王有六寢一是正寢餘五寢在後通名燕寢其一在東北王春居之一在西北王冬居之一在西南王秋居之一在東南王夏居之一在中央六月居之凡后妃以下更以次序而上御王於五寢之中也故鄭注周禮九嬪云凡御見之法月與后妃共象也卑者宜先尊者宜後女御八十一人當九夕世婦二十七人當三夕九嬪九人當一夕三夫人當一夕后當一夕亦十五日而徧云自望後反之孔子云日者天之明月者地之理陰陽契制故月上屬爲天使婦從夫放月紀月紀是星也而婦人上御必有女史彤管以差次之毛詩傳貽我彤管云古者后夫人必有女史彤管之法史不記過其罪殺之后妃羣妾以禮御於君所女史書其日月授之環以進退之生子月辰則以金環退之當御者以銀環進之著左手旣御著於右手事無小大記以成法 天子建天官先六大曰大宰大宗大史大祝大士大卜典司六典 典法也此蓋殷時制也周則大宰爲天官大宗曰宗伯宗伯爲春官大史以下屬焉大士以神仕者 天子之五官曰司徒司馬司空司士司寇典司五衆 衆謂羣臣也此亦殷時制也周則司士屬司馬大宰司徒宗伯司馬司寇司空爲六官○ 天子之六府曰司土司木司水司草司器司貨典司六職 府主藏六物之稅者此亦殷時制也周則皆屬司徒司土土均也司木山虞也司水川衡也司草稻人也司器角人也司貨丱人也○丱革猛反又音虢猛反徐故孟反丱人掌金玉錫石未成器者 天子之

六工曰土工金工石工木工獸工草工典制六材此亦殷時制也周則皆屬司空土工陶旊也金工築冶鳧栗鍛桃也石工玉人磬人也木工輪輿弓廬匠車梓也獸工函鮑韗韋裘也唯草工職亡蓋謂作萑葦之器○陶音桃陶人爲瓦器也旊方往反旊人爲簋簠之屬築音竹築氏爲書刀冶音也冶氏爲箭鏃鳧音符鳧氏爲鍾也段本又作鍛多亂反段氏爲錢鎛函音含函人爲甲鎧韗況萬反一音運一音況運反韗人爲鼓萑音丸

五官致貢曰享貢功也享獻也致其歲終之功於王謂之獻也周禮大宰歲終則令百官府各正其治受其會聽其致事而詔王廢置○享許兩反舊許亮反後皆放此不復重出治音直吏反會古外反

【疏】天子建天官至致貢曰享○正義曰此以下是殷禮所明異於周法案甘誓云六事之人鄭云周禮六軍皆命卿則三代同矣案甘誓及鄭注則三王同有六卿又鄭注大傳夏書云所謂六卿者后稷司徒秩宗司馬作士共工也而不說殷家六卿之名今此記所言上非夏法下異周典鄭唯指爲殷禮也然天官以下殷家六卿何者大宰司徒司馬司空司士司寇是也但周立六卿放天地四時而殷六卿所法則有異也殷以大宰爲

一卿以象天時司徒以下五卿法於地事故鄭志崇精問焦氏云鄭云三王同六卿殷應六卿此云五官何也焦氏荅曰殷立天官與五行其取象異耳是司徒以下法五行并此大宰即爲六官也但大宰既尊故先列大宰并顯大宰之下隸屬大宰之官既法於天故同受大名故云先六大大宰一大宗二大史三大祝四大士五大卜六也典司六典者結上也上典是守典下典是典則之典言立此六官以守主於六事之法○注此蓋至仕者○正義曰知殷制者以其上與夏官不同下與周禮有異故疑殷制也知大士非司士及士師卿士之等者以其下別有司士司寇故知非士師卿士也與大祝大卜相連皆主神之士故知神仕也○天子之五官者嚮立六官以法天之六氣此又置五官以象地之五行也天地五行踐立故復云天子不云建從天官也又天官尊陽故一卿以攝衆地官卑陰故五卿俱陳也不云地者與前互也天尊故設其數地卑故明言其五也司徒一司馬二司空三司士四司寇五也○典司五衆者結上也言用此上五官使各守其所掌上之羣衆也然此五官亦各有所領羣衆如大宰領大宗以下也而不條出其人者略也天言六典地言五衆者互言也但天尊故云典地卑故云衆也○注衆謂至六官正義曰知此非是天下衆人而爲羣臣也者以經云五衆明

官各有所衆如周六官之屬也周禮大宰揔主六官之職司徒主教教其徒衆宗伯者伯長也宗尊也以主鬼神故以尊爲名司馬主征伐馬是征伐所用司寇主除賊寇司空主土居民司士主公卿以下版籍爵禄之等特以司士爲名者士是官之揔首故詩云濟濟多士是也諸官皆云司而大宰宗伯不云司者司主也大宰揔主六官不偏有所司故不言司也宗伯之官不言司者以上天地鬼神之事天地鬼神既尊非人所司故不云司也○天子至六職○殷六卿外復别立此六官也府者藏物之處也既法天地立官天地應生萬物故爲萬物立府也○曰司土一也於周爲土均也均平地稅之政令也土生萬物故爲均也○司木二也於周則爲山虞也虞度也主量度山之大小所生之物○司水三也於周則爲川衡衡平也掌巡行川澤平其禁令○司草四也於周爲稻人也掌稼種下地及除草萊○司器五也於周爲角人也掌以時徵齒角於山澤之農供爲器用也○司貨六也於周爲丱人言鑛器未成者也掌金玉錫石之地而爲之守禁以時取之以供器物金玉曰貨故稱貨人典司六職者結上立此六官使各主其所掌職也○注府主至人也○正義曰此皆與周不同故云亦殷制也司土土均也案周禮土均上士二人司木山虞每大山中士四人中山下士六人小山下士

二人不言林衡者略舉山虞耳司水於周爲川衡川衡每大川下士十有二人中川下士六人小川下士二人不言澤虞者亦略舉川衡耳司草稻人者上士二人周禮亦有草人今以司草爲稻人者二官俱主殺草鄭舉稻人欲見司草兼有二官也司器角人者下士二人司貨丱人者中士二人○天子至六材○工能也言能作器物者也前既有六府之物宜立六工以作之爲器物故爲次也亦有六者依府以用事也○曰土工金工木工石工獸工草工者此六官於周禮並屬司空而司空職散亡漢購千金不得今唯有考工記以代之○典制六材者材謂材物結上立此六工使典制六府之材物○注土工至之器○正義曰考工記陶人爲甗實二鬴又甑實二鬴七穿旊人職云旊人爲簋旊是放法陶是陶冶互文耳但簋是祭器故取放法之名也云金工謂築氏掌爲削削書刀也冶謂煎金石者冶鑄爲之冶氏掌爲戈戟故因呼煎金爲冶鳧氏世能爲鐘以供樂器故因呼作鐘爲鳧氏也㮚氏爲量器爲豆區鬴鍾之屬也㮚氏世能爲之段氏主作錢鑄田器桃氏爲刃刃謂刀劍之屬云石工玉人磬人者玉人謂作圭璧者磬人作磬也玉及磬同出於石故謂石工也云木工輪輿弓廬匠車梓也者此七物並用木故曰木工也輪車輪也輿車牀也車難不能一人獨成各有所善故輪輿不

冋也弓能作弓者也廬能作戈戟柲者也匠能作宮室之屬
者車謂能作大車及羊車也梓謂栝勺爲筍虡之屬也獸工
函鮑韗韋裘者此物並用獸皮故曰獸工函謂能作甲鎧者
鮑謂能治皮供作甲者韗謂考工記韗人爲臯陶鼓木謂能
以皮冒鼓者韋謂熟皮爲衣及韎韐者裘謂帶毛狐裘之屬者
考工記韋裘二職存唯草工職亡考工無蓋謂作萑葦之器
盛食之器及葦席之屬也或言氏或言人者鄭注考工記云
其曰某人者以其事名官也其曰某氏者官有世功若族有
世業者也○干寶云凡言司者摠其領也凡言師者訓其徒也
凡言職者主其業也凡言衡者平其政也凡言掌者主其事
也凡言氏者世其官也凡言人者終其身也不氏不人權其
材也也通權其才者既云不世又不終身隨其材而權暫用也
然案周禮建官列職有司會之屬是言司者也有甸師之屬
是言師者也有職內之屬是言職者也有川衡之屬是言衡
者也有掌舍之屬是言掌者也有師氏之屬是言師者也有
庖人之屬是言人者也有宮正膳夫外饔內饔之屬皆不氏
不人者也○五官致貢曰享者五官即前自后以下之五官
后一天官二地官三六府四六工五貢功也享獻也歲終則
此五官各考其屬一年之功以獻於天子故云致貢曰享也
王后之屬致蠶織之功天官以下各獻其職之功○注貢功

至廢置○正義曰引周禮證歲終百官各獻其功以禮詔告也周則冢宰至歲終受於百官之簿書所會之最而考一年之功多少以告天子也若功少則廢黜其人功多則遷置其職也今謂五官則上天子五官司徒以下故下云五官之長曰伯與此五官一也但太宰摠攝羣職摠受五官之貢故不入其數也若以五官爲后以下則下云五官之長豈有長於后乎熊氏以爲五等諸侯亦非也

附釋音禮記注疏卷第四

禮記注疏卷四挍勘記

阮元撰盧宣旬摘錄

曲禮下第二

凡奉者當心節　惠棟云凡奉節執天子之器節凡執節執主器節立則磬折節宋本合爲一節

凡奉至當帶　惠棟挍宋本無此五字

此一節論臣所奉持及俛仰裼襲之節　閩監毛本同浦鏜挍云此一節當作自此至則襲五字案宋本本連五節爲一節故云此一節云云衞氏集說作自此至則襲一節蓋以意增損之

執天子之器節

正義曰謂明常法　惠棟挍宋本無正義曰三字

凡執圭器節

正義曰嚮明持奉高下之節 惠棟挍宋本無正義曰三字

執圭器節

行不舉足 石經同岳本嘉靖本同正義亦作行不舉足釋文出行舉足云一本作行不舉足

車輪謂行不絕也 閩監毛本同岳本也作地嘉靖本同宋監本同案經傳通解亦作地考文引古本也上有地字正義云如車輪曳地而行注有地字爲是

立則磬折垂佩節

裼襲文質相等耳 閩監毛本等作變岳本嘉靖本同衞氏集說同

正義曰嚮明奉持 惠棟挍宋本無正義曰三字

用之以冒諸侯之圭以爲瑞信 惠棟挍宋本閩監毛本並作圭是也此本誤至

注以四鎮之山爲繅飾惠棟挍宋本繅作璪閩監毛本作琢案作繅非也作琢亦誤當作璪浦鏜挍云璪誤琢下璪飾璪同是也

蓋皆象以人形爲琢飾閩監毛本同惠棟挍宋本琢作璪

其文縟細閩監毛本作縟此本縟誤縛

言以爲穀稼及蒲葦之文閩監本以作琢惠棟挍宋本言以作蓋琢是也

男執蒲璧五寸是也閩監毛本同惠棟挍宋本是作長此本五誤三

不言裼襲者賤不裼閩監毛本同惠棟挍宋本不裼下有也字

國君不名卿老世婦節惠棟云國君節君大夫之子節宋本合爲一節

君大夫之子節

世或爲大岳本同嘉靖本同閩監毛本大作太考文引宋板古本足利本作大疏標起止注辟儕至爲大

同

此諸侯稱大夫士之子也閩本同監毛本稱作之案之字是也此稱字與下之嗣子某之字蓋互易

故云避僭傚也閩監毛本作傚此本誤倣

世子欲不得同閩監毛本同惠棟挍宋本欲作貴不誤

臣不改也閩監毛本作改此本誤故

君使士射節

君使至之憂惠棟挍宋本無此五字

負檐也閩監本同毛本檐作擔下檐樵同○按依說文當作儋古書多假檐爲之擔俗字也

侍於君子節

若子路帥爾而對　宋監本同嘉靖本同閩監毛本帥作率岳本同考文引宋板作帥足利本作帥爾先對帥字是也先字非也正義標起止云禮尙至而對是正義本不作先

君子行禮節　惠棟云君子行禮節去國三世節去國三世節宋本合爲一節

謹脩其法而審行之　閩監本同石經同岳本嘉靖本同毛本脩作修疏同

君子至行之　惠棟按宋本無此五字

封魯因商奄之人　閩監毛本同惠棟按宋本魯下有公字與定四年傳合

封康叔於殷虛　閩監毛本虛作墟惠棟按宋本亦作虛下封唐叔於夏虛同

去國三世爵祿有列於朝節

將明得變改　閩監毛本同惠棟按宋本改作故續通解同

出入猶吉凶之事　閩監本同毛本猶作有續通解同

時爲季氏家廢長立少閩監毛本作家此本家誤冢

魯立臧爲閩監毛本魯作乃○按作乃與襄廿三年傳合

其都無親在故國閩監毛本作都此本誤郡

去國三世爵祿無列於朝節

正義曰此猶是論無列無詔而反告宗後者閩監毛本作論此本誤之惠棟挍宋本無正義曰三字

明有列理不從也閩本同惠棟校宋本同監毛本理作則

案句命決云閩本同監毛本句作鉤是也

黑綠不伐蒼黃閩監毛本同惠棟挍宋本伐作代

鄭注云起爲卿大夫者閩監本注作意考文引宋板同毛本注字無

不得變本也惠棟挍宋本此下標禮記正義卷第五終又記云凡二十七頁

君子已孤節惠棟挍宋本自此節起至庶方小侯節止爲卷六首題禮記正義卷第六

已孤暴貴閩監本同石經同岳本嘉靖本同毛本暴作㬥疏同

不爲父作謚閩監本同石經同嘉靖本同毛本謚作諡岳本同疏放此○按當作謚

君子至作謚惠棟挍宋本無此五字

居喪未葬節

喪復常各本同石經同通典一百五作喪止復常考文云足利本作喪畢復常陳澔注本亦或有畢字

居喪至婦女惠棟挍宋本無此五字

振書端書於君前節惠棟云振書節龜筴節君子將營宮室節宋本合爲一節

振書至有誅惠棟挍宋本無此五字

竈𥬇節

方板也　閩監本同岳本嘉靖本同毛本板作版釋文出方板云字又作版正義本作板毛本改從釋文又本非

正義曰此以下明臣物不得入君門者也　惠棟挍宋本無正義曰三字餘同閩監毛本君作公

厭帖無者殭　閩本同惠棟挍宋本殭字同者作耆監毛本者殭作粱纚衞氏集説同案當作耆殭宋本是也古訓耆爲殭逸周書謚法云耆強也左氏昭廿三年傳不懦不耆杜預注亦云耆殭也疏意蓋謂無耆殭之謂厭帖而已者作者形近之誤也

唯公門有稅齊　閩監毛本同惠棟挍宋本齊下有衰字○按服問有衰字

及棺中服器也　閩監毛本同惠棟挍宋本服作明

君子將營宫室節

廏庫爲次閩毛本同監本廏作廐嘉靖本同石經作廏岳本同

凡家造節惠棟云凡家造節大夫士去國節宋本合爲一節

凡家至邱木惠棟按宋本無此五字

此明不得造者下民也閩監毛本下民作不同

得造不得具閩監毛本作具此本具誤其

同官可可以共有閩本同考文引宋板可字不重衛氏集説同監毛本上可字作同案可字不重是也

大夫士去國節

大夫士去國祭器不踰竟石經同岳本嘉靖本同釋文出去國祭器不踰竟云一本作大夫士

去國下去國踰竟亦然

夫物不被用　監毛本作被衛氏集說同此本誤彼閩本被作常

大夫士去國踰竟節

鬋鬋鬢也　閩監毛本同岳本嘉靖本同考文云古本鬢作鬢釋文出鬋字又云鄭云謂鬋鬢也○按段玉裁云喪大記爪手翦須可證此亦當鬋須非鬋鬢也釋文引鄭注作翦乃鬋之假借字

大夫至復服　惠棟按宋本無此五字

去國當待於也　閩監毛本於作玦按此本於當放字之誤

有桑梓之變　閩監毛本變作戀衛氏集說同是也

以喪禮自變處也　閩監毛本同考文引宋板變作戀非也

不謂待歸而謂待放者　閩監毛本作放此本誤於

元冠黑屨 儀禮士冠禮冠作端

古屨以物繫之爲行戒 惠棟按宋本同閩本屨誤絢監毛本屨誤絇

絇爲絇著屨頭 閩監毛本絇著作拘著

篾車覆蘭也 惠棟按宋本同閩監毛本蘭作闌

不蚤鬋者 閩監毛本同惠棟按宋本鬋作翦假借字

以治手足爪也 閩監毛本同惠棟按宋本以作蚤衞氏集說同

大夫士見於國君節 惠棟云大夫士節大夫士相見節凡非弔喪節宋本合爲一節

盧文弨云案疏有男女在內則當并合大夫見於國君節或惠本誤記耳

大夫至荅拜 惠棟按宋本無此五字

君若迎先拜賓 閩監毛本作君若此本君若誤君君

凡非弔喪節

唯有弔喪也士見己君惠棟挍宋本同閩本同監毛本也作與

大夫見於國君節

正義曰辱惠棟挍宋本無正義曰三字

俗本云男女不相荅拜也閩監毛本同惠棟挍宋本拜作

則有不粱爲非也惠棟挍宋本閩本同監毛本粱作字非

國君春田不圍澤節

國君至麛卵惠棟挍宋本無此五字

不欲多傷殺監毛本作欲衛氏集說同此本欲誤殺閩本同

歲凶節

大夫不食粱 石經作粱閩毛本同岳本嘉靖本同此本誤粱監本同疏放此

皆自爲貶損憂民也 閩監毛本同岳本同嘉靖本同考文引宋板自爲作爲自古本足利本同案衛氏集說作皆爲歲凶自貶損憂民也歲凶二字是衛氏所增成自字在爲字下則與宋板合正義亦言自貶損

鍾磬之屬也 宋監本同嘉靖本同閩監毛本鍾作鐘岳本同疏放此案衛氏集說亦作鍾五經文字云鍾樂器鍾量名又聚也今經典通用鍾爲樂器

歲凶至飲酒不樂 惠棟挍宋本無此七字

此膳而不祭肺 閩監毛本同惠棟挍宋本無而字

君無故玉不去身節

君無至琴瑟 惠棟挍宋本無此五字

故鄭前注士不樂去琴瑟 惠棟挍宋本作注是也此本注誤央閩監毛本作云

則知下通於士也　惠棟挍宋本同閩監毛本士誤上

故鄉飲酒有工歌之樂是地縣題辭云　閩本同監毛本地作也是也考文引宋板縣作說

士有獻於國君節　惠棟云士有獻節大夫私行節宋本合爲一節

士有至后對　惠棟挍宋本無此五字

大夫私行節

私行謂以巳事也　閩監毛本同惠棟挍宋本巳作己宋監本同岳本同按作己是也

謂道中無恙　閩監毛本同岳本同嘉靖本同釋文出不恙與正義本異

但必知還而已　閩本同監毛本知作告

或有本云士有獻字非也　閩監毛本同浦鏜挍云十字當在上反必告疏之下

問其行拜而後對者　閩監毛本同惠棟按宋本後作后按古書多假后爲後

國君去其國節

奈何去社稷也　閩監毛本同石經同岳本奈作柰嘉靖本同衞氏集說同後放此案此本疏中亦皆作柰字○按作奈俗字也

衆謂君師　閩監毛本同岳本嘉靖本同衞氏集說同惠棟按宋本君作軍

國君至死制　惠棟按宋本無此五字

昔大王居豳　惠棟按宋本作大是也閩監毛本作太乃後出之字

君天下曰天子節　惠棟云君天下節踐阼節臨諸侯節崩曰節告喪節宋本合爲一節

天下謂外及四海也　閩監本同岳本嘉靖本同毛本下誤子

以天下之大　閩監毛本同考文引宋板大作人

天子爵號三也　監毛本作天此本天誤太閩本同

踐阼節

正義曰踐履也　惠棟挍宋本無正義曰三字

內事曰孝王某　惠棟挍宋本作內事此本內事誤天子閩監毛本同

其下文云　閩監毛本同惠棟挍宋本無其字

得罪于母弟之寵子帶　監毛本作于此本于誤子閩本同

成王殯未能踰年　閩監毛本同惠棟挍宋本殯下有後字未下無能字

受顧命從吉　閩監本同毛本吉誤古考文引宋板作吉

注皆祝至外內　閩監毛本作外內此本外內二字誤倒

恐非辭義　閩監毛本同考文引宋板辭作鄭是也

臨諸侯節

曰有天王某甫石經同岳本嘉靖本同案釋文出某父云音甫注同正義本作甫與釋文不同本也○按甫正字父同音假借字

祝告致於鬼神辭也閩監毛本同岳本同嘉靖本亦作致正義同惠棟挍宋本作至宋監本於作于

畛或爲祇閩監本同岳本嘉靖本同毛本祇作祇案玉篇耳部聑云之忍切埤蒼曰告也禮記曰聑於鬼神亦作畛

正義曰此謂天子巡守惠棟挍宋本無正義曰三字

祝稱天子字而下云甫閩監毛本如此此本祝誤既下誤不

是尼父之類也閩監毛本同惠棟挍宋本是作猶衞氏集說作猶尼父類也

稱陽童某甫　閩監毛本作童此本誤章今正

正義曰致鬼神　閩監毛本同惠棟校宋本致下有於字

而使太祝告鬼神　閩監毛本太作大下太祝放此

崩曰節

始死時呼魄辭也　閩本同岳本嘉靖本同監毛本魄作魂衞氏集說同通典八十三亦作魄

正義曰此謂告王者　惠棟校宋本無正義曰三字

自而墜下曰崩　閩本同監毛本而作天考文引宋板天作上案上是也衞氏集說亦作自上墜下曰崩

猶望應生　閩本同惠棟校宋本同監毛本應作復

告喪節

告喪至名之 惠棟挍宋本作告喪曰天王登假無下正義曰三字

蓋記之爲題 閩監毛本同惠棟挍宋本爲上有以字

鄭人以爲人君之禮 閩監毛本同考文引宋板上人字闕盧文弨云人疑當爲又○按宋本是也

天子未除喪曰余小子者 閩監毛本同惠棟挍宋本作天子至小子

既葬稱子者 閩監本同此本既誤即

未忍安吉故僖三十三年 閩監毛本如此此本吉誤葬下三字誤二

天子有后節 惠棟云天子有后節天子見天官節宋本合爲一節

不立正配 閩監毛本配作妃案古妃讀如配故經典釋文中妃本或作配不一而足檀弓注作妃本字此作配假借字

增九女則十二人　閩監毛本作則此本則字闕浦鏜挍云合誤則案檀弓注作合

周又三二十七人　閩監毛本同惠棟挍宋本無人字案依檀弓注無人字是

更以次序　閩監毛本作更以此本更以二字闕惠棟挍宋本以作與

陰陽契制　閩監毛本同浦鏜挍云衍陽字案考文引宋板陽字黒圍無字山井鼎云鄭九嬪注無陽字宋板爲是○按賈景伯云月乃爲天契制故云陰契制是賈疏亦無陽字也

天子建天官節

司草　閩監本同石經同岳本嘉靖本同毛本草改艸後凡草字放此廣韻云説文作艸經典相承作草是不必改

卝人也　惠棟挍宋本作卝岳本嘉靖本同此本卝誤井閩監毛本作丱亦誤此本正義中作卝不誤○按依説文當作磺磺从石黄聲假借作卝卝周禮有卝人鄭注云卝之言礦也賈景伯疏云經所云卝是總角之卝字此官取金玉於卝字無所用故轉從石邊廣之字卝之言礦非卝即礦字也

築冶凫栗鍛桃也　惠棟挍宋本同宋監本同岳本嘉靖本同閩監毛本栗鍛作㮚段衞氏集說同考文引古本足利本亦作栗鍛釋文出段云本又作鍛正義本作段段玉裁云義疏單行無經注宋人或以分附經注之下不知始於何人亦不知其所附者爲何本故疏與經注時有牛頭馬脯此類是已○按作段是也說文金部鍛訓小冶也別是一字

天子建天官至致貢曰享　惠棟挍宋本作天子至六典無下正義曰三字

故詩云濟濟多士是也　惠棟挍宋本亦有是字閩監毛本脫又於也下誤衍一○

以上天地鬼神之事　閩監毛本上作主

石工木工　閩監毛本如此此本倒作木工石工

今唯有考工記以代之　閩監毛本同惠棟挍宋本無以字

陶人爲甗實二鬴　閩監毛本如此此本甗實誤甗賓

冶謂煎金石者冶鑄爲之閩監毛本同浦鏜校云石疑錫字誤

爲豆區鬴鍾之屬也閩監毛本作鬴此本鬴字闕又閩監毛本爲作謂鍾作鐘

段氏主作錢鑄田器閩監毛本鑄作鎛

能作戈戟柲者也閩監毛本作柲此本柲誤秘

爲筍虡之屬也閩監本作虡此本誤虞宋本毛本作簴是也

于寶云閩毛本同惠棟校宋本于作干監本同是也

有師氏之屬是言師者也閩監毛本同惠棟校宋本下師作氏非也

致蠶職之功閩監毛本作蠶此本誤品浦鏜校云織誤職

禮記注疏卷四校勘記

附釋音禮記注疏卷第五

曲禮下

禮記　鄭氏注　孔穎達疏

五官之長曰伯謂爲三公者周禮九命作伯○長丁丈反後皆同**是職方**職主也是伯分主東西者春秋傳曰自陝以東周公主之自陝以西召公主之一相處乎內是或爲氏○陝式冉反依字當作陝何休注公羊傳云弘農陝縣是也一云當作郟古洽反謂王城郟鄏也召時照反又作邵音同相息亮反○

【疏】五官至職方○正義曰此一節揔論二伯及州牧諸侯等稱謂今各依文解之○五官之長曰伯職外之大莫大於二伯故此先言之也五官者即司徒以下五官也云長者謂三公無職故不在五官之中即三公加一命出爲分陝二伯者也伯長也謂朝廷之長言此二伯爲內外官之長是職方者言二伯於是職主當方之事也○注職主至乎內○正義曰引公羊傳證周家二伯所主之事隱五年公羊傳云天子三公者何天子之相也則何以三自陝而東者周公主之自陝而

西者召公主之一相處乎內又案三公八命者堯時爲四伯故詩崧高注云當堯時姜氏爲四伯至堯之末分置八伯故虞書傳云元祀巡守四岳八伯舜之元祀有八伯明堯末置之夏則無文殷則改置二伯與周同故王制云八州八伯又云天子之老二人曰二伯是也

其擯於天子也曰天子之吏擯者辭也春秋傳曰王命委之三吏謂三公也○擯本又作儐必刃反

天子同姓謂之伯父異姓謂之伯舅自稱於諸侯曰天子之老於外曰公於其國曰君稱之以父與舅親親之辭也外自其私土之外天子畿內○天子謂之伯父本或有同姓二字衍文

〔疏〕其擯至之吏○正義曰此是二伯也擯謂天子接賓之人也若擯者傳辭於天子則稱此二伯爲天子之吏也亦當言名也記者略可知也然擯呼在朝三公亦爲天子之吏若然玉藻云伯曰天子之力臣者謂介傳命稱天子力臣擯者受辭傳於天子則曰天子之吏○注擯者至公也○正義曰引證呼三公並爲吏之意也此左傳成二年晉使鞏朔獻齊捷于王王命委之三吏杜預注云三吏三公也於時王不見鞏朔王命委付三

公接對之故云委之三吏○天子同姓謂之伯父者此三公與王同姓者王呼爲伯父伯者長大之名父乃同姓重親之稱也○異姓謂之伯舅者異族重親之名也異族無父稱故呼爲伯舅亦親之故也案晉文公爲二伯左傳僖二十八年云王曰叔父不稱伯者以州牧之禮命之故稱叔也然晉既稱叔父所以昭九年云伯父惠公歸自秦而誘以來又云我在伯父猶衣服之有冠冕晉稱伯父者以晉既稱伯父又以晉爲州牧又爲二伯若以州牧爲禮稱之則曰叔父若以二伯之禮稱之則曰伯父故晉或稱伯或稱叔也周公分陝爲二伯伯詩稱王曰叔父者成王以本親命之晉文侯仇爲伯尚書直云父義和不云伯者親親之也又二伯不稱天子之老自敵以下曰寡人僖四年齊桓公對楚屈完稱不穀者謙也凡常諸侯皆稱寡人莊十一年宋災魯往弔之宋閔公自稱孤者傳云列國有凶稱孤禮也以有凶災故降名之稱孤○自稱於諸侯曰天子之老者二伯若與九州及四夷之諸侯言已自謂天子之老係於天子言之以威遠國也○於外曰公者外者其私土采地之外也而猶在王畿之內如周公食邑於周嚮國外之人其自稱則曰公也○於其國曰君者其國采地內也若與采地內臣民言則自稱曰君其既主分陝又在王朝嫌不正爲采地君故明之也不云自稱承上可知也○注

稱之至畿內。正義曰自稱爲公正在畿內耳畿外則曰天子之老也

九州之長入天子之國曰牧每一州之中天子選諸侯之賢者以爲之牧也周禮曰乃施典於邦國而建其牧。牧牧養之牧徐音目天子同姓謂之叔父異姓謂之叔舅於外曰侯於其國曰君牧尊於大國之君而謂之叔父辟二伯也亦以此爲尊禮或損之而益謂此類也外自其國之外九州之中曰侯者本爵也二王之後不爲牧。辟音避下同

〔疏〕九州至曰君。正義曰殷曰伯周曰牧此云牧據周禮也天子於每州之中選取賢侯一人加一命使主一州爲牧若入天子國則自稱曰牧牧養也言其養一州之人故周禮八命作牧是也然伯不云入天子國者伯不出故不言入耳州長云入曰牧出則否也崔靈恩云州長自稱也白虎通云往來牧視諸侯也。天子同姓謂之叔父異姓謂之叔舅者牧劣於二伯故天子謂之叔叔小也父舅義如前一本云天下同姓然則二伯云其擯於天子曰天子之吏此不云擯於天子是記者略之也故下云諸侯見天子鄭云爲州牧則曰天子之老臣某侯某是也。於外曰侯者外謂其所封外九州內也自

稱曰侯侯是本爵不云牧自稱稱承前可知也○於其國曰君者若與國內臣民言猶自稱爲君也○注牧尊○至爲牧○正義曰大國之君是侯使稱伯今選侯之賢者加一命爲牧則是尊貴於不牧之侯侯而不謂爲伯降呼爲叔父者分陝已稱伯今牧若又呼爲伯則亂於分陝若猶呼本稱則不見其異故呼爲叔亦異常也云禮或損之而益謂此類也者崔云覲禮大國之君同姓謂之伯父異姓謂之伯舅此小者同姓謂之叔父異姓謂之叔舅此各當一國不嫌敵二伯州牧雖爲侯封皆是大國之君本自稱伯牧今揔攝衆國嫌其敵義故更稱叔此是損也叔名雖損即是明其爲牧故謂之爲益故云損之而益謂此類也熊氏云三夫人致飲有醴清醫酏糟不體王故申得二飲后致飲醫酏糟以體王故屈二飲亦是損之而益之類也云二王之後不爲牧知不爲牧者以二王之後其爵稱公今此經云九州之長曰牧於外曰侯不言於外曰公故知二王之後不爲牧牧用侯以下二王之後所以不爲牧者以其先祖嘗爲天子統領海內若更遣爲牧恐有專權之心故也

其在東夷北狄西戎南蠻雖大曰子謂九州之外長也天子亦選其諸侯之賢者以爲之子子猶牧也入天子之國曰子天子亦謂之子雖有侯伯之地本爵亦無

過子是以同名曰子【疏】其在至曰子○正義曰此天子亦選其中賢者爲之牧也但不知幾國立一人耳卑不得名爲牧又不得謂爲父舅其本爵不過子男若其本爵子者今朝天子擯辭曰子若本爵是男亦謂爲子也所以爾者舉其高者言之亦尊異故也不云入天子國及不云擯者略可知也故爾雅云九夷八狄七戎六蠻謂之四海李巡注四海遠於四荒晦冥無形不可教誨故云四海也海者晦也言其晦暗無知案爾雅所列與此同但數異爾○注謂九至曰子正義曰其或有多功益土雖加侯伯之地而爵不得進終守子男以卑遠故也今雖別爲牧長而同呼爲子不得過本爵也

於內自稱曰不穀與民言之謙稱穀善也○謙稱尺證反

於外自稱曰王老威遠國也外亦其戎狄之中【疏】於內至王老○正義曰謂其國之外夷狄之中也以爲牧長恐夷狄難服須尊名威之故與一切言自稱曰我是天子之老臣也崔云方伯牧稱天子之老四夷之長稱曰王老方伯之職帶三公之任猶謂之內臣化同天子無有歸往之義故云天子之老四夷之君去王遠由有歸往之義賢始得爲長故以王老爲稱也

庶方小侯入天子之國曰某人

於外曰子自稱曰孤謂戎狄子男君也男者於外亦曰男舉尊言之【疏】庶方至曰孤○正義曰庶衆也小侯謂四夷之君非爲牧者也以其賤故曰衆方也若入王國自稱曰某人若牟人介人也六服之內但舉伯之與牧不顯其餘諸侯九州之外既舉大國之子又舉其餘小國者以六服諸侯下文別更具顯故於此略之○於外曰子者此君在其本國外四夷之中自稱依其本爵或子或男今言子是舉其尊稱耳若男亦稱男也○自稱曰孤者若自與臣民言則曰孤孤者特立無德能也凡二伯自稱及介傳命。曰天子之力臣故玉藻云伯曰天子之力臣是也若擯者傳命於天子則曰天子之吏故此云擯於天子則曰天子之吏是也於諸侯及朝廷則曰天子之老則此文及昭公十三年劉獻公對晉叔向云天子之老是也九州之長及介傳命則曰某土之守臣某知者玉藻云若其擯者傳命於天子則曰天子之老臣某侯某知者約此文天子之老及下文云某侯某其餘諸侯介傳命云某土之守臣某知者亦約玉藻文也擯者傳命云某侯某知者約下文也凡九州之外大國之子介傳命某屏之守臣某故玉藻又云其在邊邑曰某屏之守臣某是也擯者告天子稱某子某與中國諸侯同庶方小侯介傳命云某土之孤某知者玉藻云小國

之君曰孤是也擯者告天子亦應云某孤某知者約尋常諸侯稱某侯某但稱孤爲異耳其二伯以下對天子皆稱名也

天子當依而立諸侯北面而見天子曰覲天子當宁而立諸公東面諸侯西面曰朝

諸侯春見曰朝受摯於朝受享於廟生氣文也秋見曰覲一受之於廟殺氣質也朝者位於內朝而序進覲者位於廟門外而序入王南面立於依宁而受焉夏宗依春冬遇依秋春秋時齊侯唁魯昭公以遇禮相見取易略也覲禮今存朝宗遇禮今亡○依本又作扆同於豈反注同狀如屏風畫爲黼文高八尺見賢遍反下文注除相見皆同覲其靳反宁徐珍呂反又音儲門屏之間曰宁夏戶嫁反唁音彥穀梁傳云弔失國曰唁易以豉反○

【疏】天子至曰朝○正義曰此二節論諸侯四時朝覲宗遇之法各隨文解之○天子當依而立者依狀如屏風以絳爲質高八尺東西當戶牖之間繡爲斧文也亦曰斧依故覲禮云天子設斧依於戶牖之間左右几天子袞冕負斧依鄭注云依如今綈素屏風也有繡斧文所以示威也爾雅云牖戶之間謂之扆郭注云窻東戶西也依此諸解是設依於廟堂戶牖之間天子見諸侯則依而立負之而南面

以對諸侯也凡諸侯朝王一年四時案宗伯春曰朝夏曰宗
秋曰覲冬曰遇鄭注朝猶朝也欲其來之早宗尊也欲其尊
王覲之言勤也欲其勤王之事遇猶偶也欲其若不期而俱
至若通而言之恐曰朝從初受名覲禮云諸侯前朝皆受舍
于朝又云乘墨車載龍旂弧韣乃朝又春秋僖二十八年夏
五月經曰公朝於王所知朝通名也但朝覲宗遇禮異耳案
大行人云侯服歲壹見甸服二歲壹見男服三歲壹見采服
四歲壹見衞服五歲壹見要服六歲壹見隨服更來周而復
始一然而六服分來又每方服别分爲四分一分朝春一分宗
夏一分覲秋一分遇冬四方並然故鄭注云其朝貢之歲四
方各四分趨四時而來或朝春或宗夏或覲秋或遇冬要服
之外有夷鎮藩三服案大行人云九州之外謂之藩國世壹
見鄭注云世謂父死子立及嗣王即位乃一來耳六服之中
服數朝外又有四名一是時見曰會者若諸侯有不服者王
將有征討之事若東方諸侯不服則與東方諸侯共討之若
南方諸侯不服則與南方諸侯共討之諸方皆然朝竟王乃
爲壇於國外與之會盟春於國東夏南秋西冬北會則隨事
無有定期有時而然故曰時見曰會也二曰殷見曰同者天
子十二年一巡守或應巡守之歲而天下未平或王有他故
不獲自行則四方諸侯並朝京師朝竟亦於國外爲壇以命

之政事殷衆也其來既衆故曰殷見曰同也三曰時聘曰問者謂王有事諸侯非朝王之歲不得自來遣大夫來聘因而問王起居此亦無常期故曰時聘曰問也四曰殷覜曰視者謂元年七年十一年唯有侯服來朝朝者既少諸侯遣卿大夫以大禮來聘聘者既衆故曰殷也覜亦見也爲來見王起居故曰覜也殷頫亦並依時春東夏南秋西冬北各隨方逐時但不每方分爲四耳故鄭注大行人云其殷同四方四時分來如平時也鄭既云四時分來如平時而前六服初時唯云四時雖不言四方後又云四方各分趨四時明其同也然所以殷覜不須分見四時者小禮不須更見四時法也天子當依而立是秋於廟受覲禮也諸侯來朝至於近郊王使大行人皮弁用璧以迎勞之諸侯亦皮弁從使者以入天子賜舍諸侯受舍聽天子之命其朝日未出之前諸侯上介受舍于廟門外同姓西面北上異姓東面北上至朝日質明諸侯裨冕先釋幣於其齊車之行主天子衮冕在廟當依前南面而立不迎賓諸侯自廟門外位天子使上擯進諸侯諸侯入廟門右坐奠圭玉而再拜所以奠圭玉者卑見於尊奠贄不授也擯者命升西階親授諸侯於是坐取圭玉升堂王受玉是當依而立之時也○諸侯北面而見天子曰覲者王既受玉而諸侯降階並北面再拜稽首擯者延之使升成拜是北

面曰覲時所以同北面者覲遇秋冬陰氣質斂故不布散。天子當宁而立者此爲春夏受朝時也宁者爾雅云門屏之間謂之宁郭注云人君視朝所宁立處李巡云正門內兩塾間曰宁謂天子受朝於路門外之朝於門外而宁立以待諸侯之至故云當宁而立也然路門外有屏者即樹塞門是也爾雅云正門謂之應門又云屏謂之樹李巡云恆當門自蔽名曰樹郭云小牆當門中今案李郭二注以推驗禮文諸侯內屏在路門之內天子外屏在路門之外而近應門者矣。諸公東面諸侯西面曰朝者王既立宁諸侯次第而進諸在西諸侯在東而朝王陽氣文也故因文而分布也崔云地道貴右公故在西也然此是春朝也先受朝竟然後入廟受享也。注諸侯至今亡。正義曰庭實受之於廟生氣文也陽生之時其氣文舒而布散故分於兩處受也云秋見曰覲一受之於廟一并朝享皆廟受之殺氣質也此陰殺之時其氣質斂故并於一處受之也云朝者位於內朝而序進者此內朝即路門外朝也對皋門內三槐九棘之外朝故稱內也若對路寢庭朝又爲外故文王世子云朝於外朝則以官是也崔云諸侯春夏來朝各乘其命車至皋門外陳介也天子車時在大門內傳辭既訖則乘車出大門下車若升朝之時王但迎公自諸侯以下則隨之而入更不別迎也入至文王廟

門天子還服朝服立於路門之外諸侯更易服朝服執贄而
入應門而行禮故王當宁以待諸侯次第而進故云序進謂
入應門諸公東面諸侯西面若熊氏之義則朝無迎法唯享
有迎諸侯之禮案覲禮諸侯乘墨車而入朝鄭云墨車者大
夫制也入天子之國車服不可盡同也云覲者位於廟門外
而序入者其宿受位次在廟門外至朝之旦秋冬王不出迎
其尊卑各在其次中未得相見聽上擯進之乃於位次第而
入故云序入也云王南面立於依宁而受焉者二處皆南面
也云夏宗依春冬遇依秋者陰陽同各相依也云春秋時齊
侯唁魯昭公以遇禮相見取易略也者此引證宗依朝遇依
覲非唯並受爲異其禮有難易繁省之殊也穀梁傳曰弔失
國曰唁魯昭公伐季氏不勝而出故春秋昭二十五年九月
公孫於齊次于陽州齊侯唁公於野井公羊云以人爲菑以
幦爲席以鞌爲几以遇禮相見是也分六服隨服而朝則六
年一遍此鄭康成之義尚書六年五服一朝而孔注云五服
一朝侯甸男采衛六年一朝會京師孔鄭不同孔以昭十三
年左傳云歲聘以志業間朝以講禮再朝而會以示威再會
而盟以顯昭明以爲諸侯三年一朝六年一會十二年一盟
是周之正朝法也其大行人依服數見者是諸侯遣使貢獻
而見耳知覲在廟者此云當依而立覲禮又有負斧依及侯

氏入廟門告聽事鄭注云告王以國所用爲罪之事大行人
云廟中將幣三享故也知在文王廟者覲禮云不腆先君之
祧明天子受覲於廟之祧可知也又案覲禮同姓西面異姓
東面鄭注分別同姓異姓者受之將有先後也則是覲禮之
法先同姓後異姓若然案檀弓注云朝覲爵同同位則爵尊
先見覲禮見不同者二文雖異其意則同就爵同之中先受
同姓之朝周之盟會亦先同姓也故定四年祝佗稱踐土之
盟載書云晉重魯申蔡甲午鄭捷齊潘鄭雖小國而在齊上
故隱十一年傳云周之宗盟異姓爲後若其餘盟分國大小
爲次故襄二十七年宋之盟晉楚爭先楚人先歃是也必知
然者案杜預釋例云若王官之伯主盟異姓爲後其餘則否
也凡天子三朝其一在路門內謂之燕朝大僕掌之故大僕
云王眂燕朝則正其位文王世子云公族朝於內朝親之也
此則王與宗人圖其嘉事及王退俟大夫之朝也其二是路
門外之朝謂之治朝司士掌之故司士云正朝儀之位王南
鄉三公北面東上孤東面北上卿大夫西面北上王族故士
虎士在路門之右南面東上大僕大右大僕從者在路門之
左南面西上上此是每日視朝之位其王與諸侯賓射亦與
治朝同故射人云三公北面孤東面卿大夫西面諸侯在朝
則皆北面不云王族故士虎士大僕大右者文不具耳不云

士者鄭注云此與諸侯射士不與案諸侯大射士立於西方東面是天子大射士亦預禮也其三是皐門之內庫門之外謂之外朝朝士掌之故朝士云左九棘孤卿大夫位焉右九棘公侯伯子男位焉面三槐三公位焉此是詢衆庶之朝也凡朝三公北面者以其貴臣荅王之義也孤及諸侯東面者尊之故從賓位卿大夫西面者君之臣子統於君也士門西東面者以其卑賤故外之其外朝孤與士辟諸侯故就東方西面同其位案燕禮云卿西面大夫北面士門西東面大射亦然知諸侯有路門外朝者案玉藻云君朝服日出而視朝退適路寢是也其外詢衆庶之所經雖無文亦當與天子同其位無三公及諸侯當同燕禮大射之位若然周禮天子有射朝燕儀禮諸侯有燕朝也射雖無正朝當與天子同則天子諸侯皆三朝也

○**諸侯未及期相見曰遇相見於郤地曰會諸侯使大夫問於諸侯曰聘約信曰誓涖牲曰盟**及至也郤間也涖臨也坎用牲臨而讀其盟書聘禮今存遇會誓盟禮亡誓之辭尚書見有六篇○郤丘逆反涖音利徐力二反又音類盟音明徐音亡幸反郤間如字又音閑坎苦感反徐又苦敢反後同

【疏】諸侯

至曰盟○正義曰今若未至前所期之日及非所期之地而忽相見則並用遇禮相接故曰遇也所以爾者遇禮易略既期未至故用簡易禮也○相見於郤地曰會者此謂及期之禮郤間也既及期又至所期之地則共禮間暇○諸侯使大夫問於諸侯曰聘者聘問也謂遣大夫往相存問○約信曰誓者亦諸侯事也約信以其不能自和好故用言辭共相約束以爲信也若用言相約束以相見則用誓禮故曰誓也鄭注司寇云約言語之約束也○涖牲曰盟者亦諸侯事也涖臨也臨牲者盟所用也盟者殺牲歃血誓於神也若約束而臨牲則用盟禮故云涖牲曰盟也然天下太平之時則諸侯不得擅相與盟唯天子巡守至方嶽之下會畢然後乃與諸侯相盟同好惡獎王室以昭事神訓民事君凡國有疑則盟詛其不信者及殷見曰同並用此禮後至於五霸之道卑於三王有事而會不協而盟盟之爲法先鑿地爲方坎殺牲於坎上割牲左耳盛以珠盤又取血盛以玉敦用血爲盟書成乃歃血而讀書知坎血加書者案僖二十五年左傳云坎血加書又襄二十六年左傳云歃用牲加書是也知用耳者戎右職云贊牛耳知用左者以馘者用左耳故也知珠槃玉敦者戎右職云以玉敦辟盟又玉府云則共珠槃玉敦知口歃血者隱七年左傳云陳五父及鄭伯盟歃如忘又襄九年云

新與楚盟口血未乾是也異義云禮約盟不令春秋公羊說古者不盟結言而退故穀梁傳云誥誓不及五帝盟詛不及三王交質子不及二伯且盟非禮故春秋左氏云周禮有司盟之官殺牲歃血所以盟事神明又云凡國有疑盟詛其不信者是知於禮得盟許君謹案從左氏說以太平之時有盟詛之禮鄭氏不駮從許慎義也盟詛不及三王非鄭所用然盟牲所用許慎據韓詩云天子諸侯以牛豕大夫以犬庶人以雞又云毛詩說君以豕臣以犬民以雞又左傳云鄭伯使卒出豭行出犬雞以詛射潁考叔者又云衞伯姬盟孔悝以豭鄭云詩說及鄭伯皆謂詛小於盟周禮戎右職云盟則以王敦辟盟遂役之鄭注云役之者傳敦血授當歃者下云贊牛耳桃茢又左傳云孟武伯問於高柴曰諸侯盟誰執牛耳然則盟者人君以牛伯姬盟孔悝以豭下人君也皇氏以爲春秋時盟乃割心取血故定四年鑪金云王割子期之心與隨人盟杜云當心前割取血以盟示其至心是也○注及至至六篇○正義曰鄭注司盟云盟者書其辭於策殺牲取血坎其牲加書於上而埋之謂之載書云聘禮今存遇會誓盟禮亡誓之辭尚書見有六篇者一曰甘誓夏啓伐有扈氏誓羣衆二曰湯誓謂湯伐桀誓羣臣也三曰泰誓武王伐紂度孟津誓勑士衆之辭也四曰牧誓武王伐紂於牧野時所作

五曰費誓徐戎作難魯侯伯禽誓羣臣興兵伐之也六曰秦誓秦穆公襲鄭不從蹇叔之謀果敗諸崤後穆公悔過與羣臣自誓也○諸侯見天子曰臣某侯某謂嗇夫承命告天子辭也其爲州牧則曰天子之老臣某侯某奉珪請覲○嗇音色其與民言自稱曰寡人謙也於臣亦然○自謂一本作自稱其在凶服曰適子孤凶服亦謂未除喪○適音的臨祭祀內事曰孝子某侯某外事曰曾孫某侯某稱國者遠辟天子死曰薨亦史書策辭復曰某甫復矣某甫且字既葬見天子曰類見代父受國類猶象也執皮帛象諸侯之禮見也其禮亡言謚曰類使大夫行象聘問之禮也言謚者序其行及謚所宜其禮亡○其行下孟反諸侯使人使於諸侯使者自稱曰寡君之老繫於君以爲尊也此此謂諸侯之卿上大夫○使於色吏反下同【疏】諸侯至之老○正義曰此一節明諸侯及臣稱謂之

法各隨文解之○諸侯謂五等諸侯見天子而擯者將命之辭也同得稱臣故曰臣也○某侯某者若言齊侯衛侯下某是名若伯子男則云曹伯許男某也○注謂嗇至請覲○正義曰嗇夫承命告天子辭也此注並覲禮之文也鄭云嗇夫蓋司空屬也爲末擯承命於侯氏末介傳而上上擯以告於天子也音義隱云嗇夫主諸侯所齎幣帛皮圭之禮奉以白於天子也云其爲州牧則曰天子之老臣某侯某者若爲州牧既尊若來見故擯者加此四字也前州牧闕此故鄭補言之也云奉珪請覲是鄭意術擯者之辭文無所出也○其與民言自稱曰寡人此亦自與民言法也寡人者言已是寡德之人○其在凶服曰適子孤者謂擯者告賓之辭知者雜記云相者告曰孤某須矣但彼文不云適子文不備此直云適子孤不云名亦文不具也稱孤稱名者皆謂父死未葬之前也故雜記云孤某須矣下則云既葬蒲席明孤某是未葬也凡諸侯在喪之稱公羊未葬稱子某者莊三十二年子般卒襄三十一年子野卒皆是君薨未葬稱子某也既葬稱子則文公十八年子惡卒經書子卒是也踰年稱君者則僖公十年里克殺其君卓及文公元年公即位是踰年稱君也謂臣子稱君也若其君自稱猶曰子故公羊傳文九年諸侯於其封内三年稱子是也案昭十一年楚滅蔡執世子有其時蔡

君已死其子仍稱世子者何休云稱世子者不許楚之滅蔡也猶若君存然故猶稱世子文十四年九月齊商人弒其君舍舍爲君商人之弒也襄二十九年吳子使季札來聘先君未踰年吳稱子者賢季子故録之桓十一年鄭忽出奔衛先君既葬而尚稱名者公羊云何以名伯子男一也辭無所貶何休云直以喪降稱名無餘罪致貶凡以王事出會未踰年皆稱子僖九年會於葵丘宋襄公稱子僖二十八年會於踐土陳共公稱子定四年會召陵陳懷公稱子皆未踰年會王事而稱子也若未踰年非王事而稱爵者皆譏耳成四年鄭伯伐許是也從上以來皆公羊之義也其左氏之義君薨未葬未行即位之禮前稱子某子般子野是也其出會諸侯未葬之前稱子故僖九年左氏傳云凡在喪王曰小童公侯曰子葵丘之會宋襄公稱子踐土之會陳共公稱子是也葬雖未踰年則稱君則晉里克弒其君卓齊商人弒其君舍是也文十八年子惡卒先君葬後稱子者杜預云時史畏襄仲不敢稱君故云子也其王事出會則稱爵成四年鄭伯伐許是也案桓十三年經書衛惠公稱侯成十三年經書宋公衛侯此並先君未葬而稱爵者賈服注譏其不稱子杜預云非禮也僖二十五年會衛子莒慶盟於洮時先君已葬衛成公猶稱子者杜預云善其成父之志故上繫於父而稱子服虔亦

云明不失子道成十年晉侯伐鄭時厲公父景公患未葬而厲公出會稱爵譏其生代父位不子也此皆左氏之義公羊以奚齊僖九年死卓子十年死以卓子踰年故稱君左氏卓子亦九年死但赴告在十年以葬後故稱君左氏公羊二傳不同也公羊以成四年鄭伯伐許非王事雖未踰年而稱爵譏之也左氏則以鄭伯伐許爲王事未踰年得稱爵當與公羊異鄭駮異義從公羊義以鄭伯伐許爲非禮及公羊未踰年爲王事皆稱子即宋襄公稱子陳共公稱子是也左氏未踰年爲王事皆稱爵鄭駮異義引宋襄公稱子從公羊說以爲稱子禮也○外事曰曾孫某侯某○外事謂社稷山川在封内者也天子外事言嗣王某諸侯不得稱嗣侯但稱曾孫所以然者天子尊謂能繼天德而立也諸侯無德不繼嗣爲侯故不云嗣但是父祖重孫故言曾孫也○死曰薨者此謂諸侯死而國史策辭也若異國史書之則但云卒也在四夷不言亦賤略也自此以下皆然○注亦史書策辭○正義曰上文云天王崩書策辭今諸侯云薨故亦史策辭若告於諸侯則辭當謙退故雜記云赴於諸侯曰寡君不祿○復曰某甫復矣天子復則曰天子諸侯不可復云諸侯復故呼其字言其甫故鄭注前文諸侯呼字是也○既葬見天子曰類見○此諸侯世子父死葬畢而見於天子禮也類象也言葬後

未執玉而執皮帛以象諸侯見故曰類見然春秋之義三年除喪之後乃見而今云既葬者謂天子或巡守至竟故得見也若未葬未正君臣故雖天子巡守亦不見也○言謚曰類○言謚謂將葬就君請謚也凡謚既是表德故由尊者所裁故將葬之前親使人請之於天子若檀弓云其子戌請謚於君曰日月有時將葬矣請所以易其名者是言謚於君也而曰類者王肅云請謚於天子必以其實爲謚類於平生之行也何胤云類其德而稱之如經天緯地曰文也鄭云使大夫行象聘問之禮也今案鄭旨謂吉時遣大夫行則曰聘今請謚使大夫不得曰聘而名曰類言類象聘而行此禮也故云言謚曰類也○注使大至禮亡○正義曰言象聘問之禮者解經中類字言比類聘問之禮請謚於天子○諸侯至之老案玉藻云上大夫曰下臣擯者曰寡君之老下大夫自名擯者曰寡大夫此云自稱曰寡君之老則上大夫擯者傳辭及自稱於他國亦曰寡君之老若於已君則玉藻云下臣某

天子穆穆諸侯皇皇大夫濟濟士蹌蹌庶人僬僬

皆行容止之貌也聘禮曰賓入門皇又曰皇且行又曰衆介北面鏘鏘焉凡行容尊者體盤卑者體蹙○濟子禮反蹌本又作鶬或作鏘同士良反僬子妙反盤步丹反

蹙子六反〔疏〕天子至焦焦○正義曰此一節論天子至庶人行容之貌云天子○穆穆者威儀多貌也天子尊重故行止威儀多也○諸侯皇皇者自莊盛也諸侯不及穆穆而猶有莊盛鄭注聘禮云皇皇莊盛也○大夫濟濟者濟濟徐行有節大夫降於諸侯不得自莊盛但徐行而已也○士蹌蹌者鄭注聘禮云容貌舒揚也案鄭意則不得濟濟也但舒揚而已○庶人僬僬者卑盡之貌也庶人卑賤都無容儀並自直行而已崔云凡形容下不得兼上上得兼下故詩有濟濟文王穆穆魯侯者詩人頌美舉盛以言非對例也○注聘禮至體蹙○正義曰引聘禮證皇皇是容儀也此是入門時容也又曰皇且行者又證行時容也然皇是諸侯之容聘禮人臣而云皇者執玉入廟門得進其容亦如其君行禮宜已申也若在本國則濟濟然云又曰衆介北面蹌焉亦聘禮文也衆介士也卑故不得進容猶蹌蹌而已云凡行容尊者體盤卑者體蹙尊者體盤穆穆皇皇卑者體蹙蹌蹌僬僬是也○

天子之妃曰后后之言後也○妃芳非反諸侯曰夫人夫之言扶大夫曰孺人孺之言屬○孺而樹反士曰婦人婦之言服庶人曰妻妻之言齊公侯有夫人

有世婦有妻有妾貶於天子也無后與嬪去上中○貶皮檢反去羌呂反○夫人自稱於天子曰老婦自稱於天子謂畿內諸侯之夫人助祭若時事見自稱於諸侯曰寡小君謂饗來朝諸侯之時自稱於其君曰小童自世婦以下自稱曰婢子小童若云未成人也婢之言卑也於其君稱此以接見禮敵嫌其當○童本或作僮子於父母則自名也名父母所爲也言子者通男女列國之大夫入天子之國曰某士亦謂諸侯之卿也三命以下於天子爲士曰某士者如晉韓起聘於周擯者曰晉士起○自稱曰陪臣某陪重也○重直恭反於外曰子子有德之稱魯春秋曰齊高子來盟○稱尺證反○於其國曰寡君之老使者自稱曰某使謂使人於諸侯也某名也○使自稱色吏反注使謂同本或作使者自稱○

【疏】天子至曰某○正義曰此一節論天子以下妃妾及臣子稱謂之法

各隨文解之○天子之妃曰后諸侯曰夫人大夫曰孺人士曰婦人庶人曰妻者皆敵其夫如王之后故以后居前耳妃邦君之合配王諸侯以下通有妃義故以妃字冠之以特牲少牢是大夫士之禮皆云某妃配某氏尊卑通稱也白虎通云后君也明配至尊爲海内小君天下尊之故繼其王言之曰王后也○諸侯曰夫人者夫人之名唯諸侯得稱論語云邦君之妻邦人稱之曰君夫人是也○大夫曰孺人者孺屬也言其爲親屬○注孺之言屬也○正義曰案爾雅云孺屬也○士曰婦人者婦之言服也服事其夫也其婦號亦上下通名故春秋逆婦姜於齊是諸侯亦呼婦也穀梁傳云言婦有姑之辭言服事舅姑知通名也○庶人曰妻者妻之言齊也庶人賤無別稱判合齊體而已尊卑如此若通而言之則貴賤悉曰妻故詩曰刑於寡妻是天子曰妻也周家大夫妻曰内子趙姬以叔隗爲内子是也○公侯至有妾○正義曰獨言諸侯舉其上者餘從可知也既下於天子不得立后故以敵體一人正者爲夫人○有世婦者謂夫人之姪娣故公羊云夫人無子立姪娣子也質家先立姪之子文家先立娣之子左氏亦夫人姪娣貴於二媵則此世婦者謂夫人姪娣也其數二人○有妻者謂二媵及姪娣也凡六人有妾者謂九女之外別有其妾知者以上文云天子八十一御妻之外

更有妾鄭注云妾賤者不入百二十人數故知此妾不在九女之數也○夫人至婢子此夫人謂畿內諸侯之妻也其助祭於后得接見天子故得自稱也言老而服事也以畿外諸侯夫人無見天子之禮此云自稱於天子故注云畿內諸侯之夫人助祭若時事見謂若獻繭之屬○自稱於諸侯曰寡小君者此諸侯謂他國君也古者諸侯相饗夫人亦出故得自稱也知者坊記云陽侯殺繆侯竊其夫人故大饗廢夫人之禮於此之前有夫人饗法故注云謂饗來朝諸侯之時也君之妻曰小君而云寡者亦從君爲謙也○自稱於其君曰小童者小童未成人之稱也其與夫言自謙稱爲小童若未成人言無知也○自世婦以下自稱曰婢子者降於夫人故並自稱婢子賤故也婢之言卑也嚮其夫自稱言已卑故春秋晉懷嬴謂公曰寡君使婢子侍執巾櫛是也注云接見體敵嫌其當者爲其接見之時暫有體敵嫌若當夫人然也○列國之大夫入天子之國曰某士○謂擯者辭也列國五等諸侯也天子上士三命中士再命下士一命而五等之臣唯公國一孤四命耳自卿大夫從三命而下其命等於王之士故入天子之國則擯者稱爲某國之士也故注引春秋襄二十六年晉韓起聘於周擯者曰晉士起言晉國之士起以證之也○自稱曰陪臣某陪重也某名也其君已爲王臣已今

又爲已君之臣故自稱對王曰重臣也若襄二十一年晉欒盈辭於行人曰天子陪臣盈是也○於外曰子者亦擯者辭外謂在他國時也擯者則稱其姓而曰子是有德之稱故注引閔公二年冬齊高子來盟證於外曰子也高子高傒是也○於其國曰寡君之老者其國自國中也其君與民言自稱曰寡人故此卿若與國中人語自稱曰寡君之老也○使者自稱曰某者某名也若此卿爲使在他國與彼君語則稱名也若與彼臣民言則自稱寡君之老也○注使謂至名也正義曰知者以玉藻云上大夫於他國擯者曰寡君之老下大夫於他國擯者曰寡大夫皆無稱名之事玉藻又云大夫私事使私人擯則稱名注云私事使謂以君命私行非聘也若晉韓穿來言汶陽之田彼以私事使稱名此文使自稱曰某稱名與彼相當故知使謂使人於諸侯也

○**天子不言出諸侯不生名君子不親惡**天子之言出諸侯之生名皆有大惡君子所遠出名以絕之春秋傳曰天王出居於鄭衛侯朔入於衛是也○遠于萬反**諸侯失地名滅同姓名**絕之

【疏】天子至姓名○正義曰此一節論天子諸侯有罪書出名之事各隨文解之○天子不言出者天子以天下爲家策書不得言

出所在稱君○諸侯不生名者諸侯南面之尊名者質賤之稱諸侯相見祇可稱爵不可稱名○君子不親惡者謂策書君子謂孔子書經若見天子大惡書出以絕之諸侯大惡書名以絕之君子不親此惡人故書出名以罪之也○注天子至是也○正義曰案僖二十四年天王出居於鄭公羊云王者無外此其言出何不能乎母也謂不能以孝事於母此鄭注天子言出大惡用公羊義也案春秋莊六年衞侯朔入於衞朔未爲君之時與其母譖構世子伋及爲君被逐出奔齊王立公子黔牟朔自齊而入衞以逐黔牟公羊云朔何以名絕曷爲絕之犯命也謂犯王命鄭注以朔爲大惡亦用公羊義也○諸侯失地名滅同姓名○春秋莊十年荆敗蔡師於莘以蔡侯獻舞歸公羊云何以名絕曷爲絕之獲也此失地名也僖二十五年衞侯燬滅邢公羊云何以名絕曷爲絕之滅同姓也此滅同姓名也故鄭摠言絕之

爲人臣之禮不顯諫爲奪美也顯明也謂明言其君惡不幾微○爲奪于僞反**三諫而不聽則逃之**逃去也君臣有義則合無義則離【疏】爲人至逃之○正義曰案莊二十四年曹羈出奔陳公羊傳云戎將侵曹曹羈諫曰戎衆以無義君請勿自敵也曹伯曰不可三諫不從遂去之何休云諫有五一

曰諷諫者案定十二年公羊傳云孔子以季氏之强謂季孫曰家不藏甲邑無百雉之城季孫聞之墮費邑是諷諫也何休又云二曰順諫曹羈是也即上諫曹君無以戎敵三諫不從遂出奔陳所謂以道事君不可則止此是順諫也何休又云三曰直諫子家駒是也案昭二十五年公羊傳云昭公將弑季氏子家駒諫曰諸侯僭於天子大夫僭於諸侯久矣是不辟君僭而言之是直諫也何休又云四曰爭諫子反請歸是也案宣十五年公羊云楚莊王圍宋子反華元乘堙相對語華元謂子反云易子而食之析骸而炊之子反謂華元吾軍有七日之糧子反勸楚王赦宋而歸楚王不可子反頻諫不聽乃引師去楚王亦歸是爭諫也何休又云五曰贛諫百里子蹇叔子是也案僖三十三年公羊云秦穆公將襲鄭百里子與蹇叔子諫穆公不從百里子蹇叔子從其子而哭之是贛諫也凡諫諷諫爲上贛諫爲下事君雖主諫爭亦當依微納進善言耳不得顯然明言君惡以奪君之美也○三諫不聽則逃之者聽猶從也逃猶去也君臣有離合之義有義則合無義則離若三諫不聽則待放而去也

子之事親也三諫而不聽則號泣而隨之至親無去志在感動之○號戶刀反

〔疏〕子之至隨之○正義曰父子天

然理不可逃雖不從則當號泣而隨之冀有悟而改之然論語云事父母幾諫此不云者以其略耳檀弓云事親無犯相互耳又云事君有犯故此論其微檀弓言事親無犯此論其犯亦互言耳故注云至親無去志在感動之○君有疾飲藥臣先嘗之親有疾飲藥子先嘗之嘗度其所堪度待各反○醫不三世不服其藥慎物齊也○齊才細反○〖疏〗君有疾飲藥至醫不三世不服其藥○正義曰凡人病疾蓋以筋血不調故服藥以治之其藥不慎於物必無其徵故宜戒之擇其父子相承至三世也是慎物調齊也又說云三世者一曰黃帝針灸二曰神農本草三曰素女脉訣又云夫子脉訣若不習此三世之書不得服食其藥然鄭云慎物齊也則非謂本草針經脉訣於理不當其義非也儗人必於其倫儗猶比也倫猶類也比大夫當於大夫比士當於士不以其類則有所褻○儗魚起反注同褻息列反〖疏〗儗人至其倫○儗人必於其倫○正義曰儗比也倫匹類也凡欲比方於人當以類相並不得以貴比賤則為不敬也○問天子之年對曰聞之始服衣若干尺

矣既不敢言年又不敢斥至尊所能問國君之年長曰能從宗廟社稷之事矣幼曰未能從宗廟社稷之事也問大夫之子長曰能御矣幼曰未能御也問士之子長曰能典謁矣幼曰未能典謁也問庶人之子長曰能負薪矣幼曰未能負薪也皆言其能則長幼可知御猶主也書曰越乃御事謂主事者謁請也謂能擯贊出入以事請告也禮四十強而仕五十命爲大夫○〔疏〕問天至負薪也○正義曰此謂幼少新立之王或有遠方異域人來不知王年大小問朝廷之臣○對曰聞之始服衣若干尺矣者臣爲荅之必有法則禮齒路馬有誅而至尊體貴故臣不可輕言君年及形長短與才技所堪故依違而對也但云聞之謙不敢言見也云始服衣若干尺既不敢指斥即云服衣若干尺謂或五尺或六尺隨長短而言之也幼則衣短長則衣長問者聞之則知王之長幼也古者謂數爲若干故儀禮鄉射大射數射筭云

若干純若干奇若如也干求也言事本不定常如此求之也故云若干也○問國君之年者亦謂幼少新立爲君而他人問其臣也○長曰能從宗廟社稷之事矣幼曰未能從宗廟社稷之事也不言聞之及衣而言所能主國者辟天子也國保宗廟社稷故以所保荅之也人君十五有養子之禮長則能主國聞其能主國則知十五以上爲長也若聞未能主國則知十四以下是爲幼也○問大夫之子者亦他國人問此大夫之子長幼於大夫之臣也天子諸侯繼世象賢其年不定故問其年而大夫五十乃爵故不問大夫而問其子○長曰能御矣幼曰未能御也御謂主事也官有世功子學父業故有御事之因也舉其所能則長幼可知也大夫子早長幼當以二十爲限也○問士之子者亦謂他國人來問此士之屬吏也四十强而仕故問其子也○長曰能典謁矣幼曰未能典謁也謁請也士之子年數長則言能主賓客告請之事幼則言未能也士賤無臣但以子自典告也○問庶人之子者庶人謂府史之屬亦有同僚或他國人問其同僚府史熊氏云庶人年無長幼亦問其子者順上大夫士而言之○長曰能負薪矣幼曰未能負薪也者少儀云問士之子長幼長則曰能耕矣幼則曰能負薪未能負薪謂士祿薄子猶以能農事爲業也與此不同者亦當有田無田之異此所言之士

者是有田者故子免耕負薪而典謁○注書曰越乃御事謂主事者○正義曰引大誥證御事是大夫禮四十強而仕五十命為大夫曲禮文引之釋所以不問大夫士庶人之身而問其子之義也以大夫士其年既定故不假問其年而問其子也○**問國君之富數地以對山澤之所出問大夫之富曰有宰食力祭器衣服不假問士之富以車數對問庶人之富數畜以對**皆在其所制以多少對宰邑士也食力謂民之賦稅○數色主反【疏】問國至以下數畜同畜許又反鄭注周禮云始養曰畜對○正義曰謂問諸侯之臣求知其君封內土地所出也云富者非問其多金帛正是問最所優饒者也不問天子者率土之物莫非王有天下共見故不須問而諸侯止一國故致問也○數地以對者數土地廣狹對之也山澤之所出者又以魚鹽蜃蛤金銀錫石之屬隨有而對也晉文公謂楚成王曰羽毛齒革君地生焉是也○問大夫之富者亦他國人問其臣也○曰有宰食力者荅之也宰邑宰也有宰明有采地即公山弗擾為季氏宰是也食力謂食民下賦稅之力也○祭器衣服

不假者謂四命大夫也衣服祭服也若四命大夫得自造祭器衣服故云不假若三命以下有田者造而不備則假借也○問士之富以車數對者士有地不多亦無邑宰故其屬吏但以其車數對也上士三命則得賜車馬也副車隨命中士乘棧車無副車也○問庶人之富數畜以對者謂雞豚之屬閭師云凡庶民不畜者祭無牲不耕者祭無盛不樹者無椁不蠶者不帛不績者不衰故以畜數對鄭注周禮云始養曰畜將用之曰牲引春秋云卜日曰牲○**天子祭天地祭四方祭山川祭五祀歲徧諸侯方祀祭山川祭五祀歲徧大夫祭五祀歲徧士祭其先**祭四方謂祭五官之神於四郊也句芒在東祝融后土在南蓐收在西玄冥在北詩云來方禋祀方祀者各祭其方之官而已五祀戶竈中霤門行也此蓋殷時制也祭法曰天子立七祀諸侯立五祀大夫立三祀士立二祀謂周制也○徧音遍本亦作遍下同句古侯反芒音亡蓐音辱冥亡丁反禋音因霤力救反【疏】天子至其先○正義曰此一節論天子以下祭祀尊卑不同并論神有廢置之事各隨文解之○天子祭天地者祭天謂四時迎氣祭五天帝

於四郊各以當方人帝配之月令春曰其帝大皞夏曰其帝炎帝季夏曰其帝黃帝秋曰其帝少皞冬曰其帝顓頊明爲配天及告朔而言之其雩祭亦然故月令孟夏云大雩帝爲命祀百辟卿士既云祀百辟卿士明五方人帝天子亦雩祀之其夏正郊感生之帝周以后稷配之其於明堂摠享五帝以文王武王配之故孝經說云后稷爲天地之主文王爲五帝之宗是也周人祭明堂時又兼以武王配之故祭法云周人宗武王是也知方岳之神是崑崙者案地統書括地象云地中央曰崑崙又云其東南方五千里曰神州以此言之崑崙在西北別統四方九州其神州者是崑崙東南一州耳於一州中更分爲九州則禹貢之九州是也其配地之神孝經緯既云后稷爲天地之主則后稷配天南郊又配地北郊則周人以嚳配圓丘亦當配方澤也○祭山川者周禮兆五帝於四郊四望四類亦如之也○祭五祀者春祭戶夏祭竈季夏祭中霤秋祭門冬祭行也○歲徧者謂五方之帝迎氣雩祀明堂及郊雖有重者諸神摠徧故云歲徧○諸侯方祀者諸侯既不得祭天地又不得摠祭五方之神唯祀當方故云方祀○祭山川者王制云在其地則祭之亡其地則不祭是也○大夫祭五祀者大夫不得方祀及山川直祭五祀而已○士祭其先不云歲徧者以士祭先祖歲有四時更無餘神

故也天子祭天地者天地有覆載大功天子王有四海故得摠祭天地以報其功其天有六祭之一歲有九昊天上帝冬至祭之一也蒼帝靈威仰立春之日祭之於東郊二也赤帝赤熛怒立夏之日祭之於南郊三也黃帝含樞紐季夏六月土王之日亦祭之於南郊四也白帝白招拒立秋之日祭之於西郊五也黑帝汁光紀立冬之日祭之於北郊六也王者各稟五帝之精氣而王天下於夏正之月祭於南郊七也四月龍星見而雩摠祭五帝於南郊八也季秋大饗五帝於明堂九也地神有二歲有二祭夏至之日祭崑崙之神於方澤一也夏正之月祭神州地祇於北郊二也或云建申之月祭之與郊天相對冬至祭昊天上帝者春秋緯云紫微爲天帝北極輝魄寶是也其配之人以帝嚳配之故祭法云周人禘嚳是也其五帝則春秋緯文耀鉤云蒼帝曰靈威仰赤帝曰赤熛怒黃帝曰含樞紐白帝曰白招拒黑帝曰汁光紀○注祭四至制也○正義曰此經直言祭四方知非祭五天帝於四方者以上云祭天地則五帝在其中矣故知非天帝也案宗伯云疈辜祭四方百物知此方祀非四方百物者以此文在山川五祀之上與大宗伯血祭社稷五祀五嶽五祀在五嶽之上此四方亦在山川之上故知是五官之神云祝融后土在南者鄭意以爲黎兼爲后土土位在南方故知祝融后

士在南引詩云來方禋祀者是小雅大田之詩以刺幽王之無道追論成王之時太平時和年豐至秋報祭招來四方之神禋絜祭祀引之者證四方之義也云五祀戶竈中霤門行者此月令文大宗伯五祀以爲五官者以其在五嶽之上此五祀在山川之下又與大夫同祭故知是戶竈等云此蓋殷時制也者以天子諸侯大夫同云祭五祀既無等差故疑殷時制也案王制云大夫祭五祀文與此同而鄭云五祀謂司命也中霤也門也行也厲也與此不同者王制之文上云天子祭天地諸侯祭社稷大夫祭五祀既有尊卑等級疑是周禮故引祭法五祀以解之與此不同是有地大夫祭五祀無地大夫祭三祀。凡祭有其廢之莫敢舉也有其舉之莫敢廢也爲其瀆神也廢舉謂若殷廢農祀棄後不可復廢棄祀農也後有德者繼之不嫌也。爲于僞反復扶又反非其所祭而祭之名曰淫祀淫祀無福妄祭神不饗〇妄祭本亦作無福〔疏〕凡祭至無福〇正義曰此明祭有常典不可輒擅廢興如殷時廢柱祀棄則後人不得復舉柱而祭之也〇有其舉之莫敢廢也者若已舉棄祀之後人不得復廢棄也〇注爲其至嫌也〇正義曰農即柱也有農功故曰農也棄即后稷也爲稷官故曰稷也尚書云棄黎民阻飢汝后稷是也云後有德者繼之不嫌也者鄭恐人疑之昔以舉柱何意廢柱祀稷乎故此解之者若後有德者繼之則不在今所言之例也○

天子以犧牛諸侯以肥牛大夫以索牛士以羊豕

犧純毛也肥養於滌也索求得而用之○索所百反注同求也牷音全一本作純滌直的反養牲官也徐又同弔反

【疏】天子至羊豕○正義曰此天子以犧牛諸侯以肥牛大夫以索牛皆上得兼下下不得僭上故左傳云聖王先成民而後致力於神故奉牲以告曰博碩肥腯是天子亦得以肥也又公羊云帝牲必在滌三月稷牛惟具稷有災故臨時得別求之是天子諸侯得有索牛○大夫以索牛士以羊豕者天子大夫士也若諸侯大夫即用少牢士則用特牲其喪祭大夫亦得用牛士亦用羊豕故雜記云上大夫之虞也少牢卒哭成事附皆大牢下大夫之虞也特牲卒哭成事附皆少牢是也據此諸侯不得用犧牛祭義云天子諸侯必有養獸之官下云犧牷祭牲必於是取之諸侯有犧牲大牢者諸侯對卿大夫亦得云犧若對天子則稱肥耳其大夫牲體完全亦有犧牲之稱故上云大夫犧賦爲次但不毛色純耳○注肥養

於滌也○正義曰案楚語觀射父云大者牛羊必在滌三月小者犬豕不過十日然者即此大夫索牛士羊豕既不在滌三月當十日以上但不知其日數耳

支子不祭祭必告于宗子不敢自專

謂宗子有故支子當攝而祭者也五宗皆然

〔疏〕支子至宗子○正義曰支子庶子也祖禰廟在適子之家而庶子賤不敢輒祭之也若濫祭亦是淫祀○祭必告於宗子者支子雖不得祭若宗子有疾不堪當祭則庶子代攝可也猶宜告宗子然後祭故鄭云不敢自專○

凡祭宗廟之禮牛曰一元大武豕曰剛鬣豚曰腯肥羊曰柔毛雞曰翰音犬曰羹獻雉曰疏趾兎曰明視脯曰尹祭槀魚曰商祭鮮魚曰脡祭水曰清滌酒曰清酌黍曰薌合粱曰薌萁稷曰明粢稻曰嘉蔬韭曰豐本鹽曰鹹鹺玉曰嘉玉幣曰量幣號牲物者異於人用

也元頭也武迹也腯亦肥也春秋傳作腯腯充貌也翰猶長也羹獻食人之餘也尹正也商猶量也脡直也其辭也嘉善也稻菰蔬之屬也豐茂也大鹹曰鹺今河東云幣帛也○大武如字一音泰鬣力輙反豚徒門反腯徒忽反注同本亦作豚翰戶旦反羹古衡反徐又音衡槀苦老反乾魚鮮音仙脡他頂反徐唐頂反薌音香合如字或音閤萁字又作箕同音姬語辭也王音期期時也稷曰明粢音咨一本作明粢古本無此句疏本又作蔬色魚反韭音久鹹本又作醎音咸鹺才何反量音亮又音良作腯徒忽反

【疏】凡祭至量幣○正義曰此一節論祭廟牲翰長如字菰音孤本又作苽音同幣告神之法○凡祭者爲貴賤悉然○牛曰一元大武者元頭也武迹也牛若肥則腳大腳大則迹痕大故云一元大武也○豕曰剛鬣者豕肥則毛鬣剛大也王云剛鬣言肥大也豚曰腯肥者腯即充滿貌也○羊曰柔毛者若羊肥則毛細而柔弱故王云柔毛言肥澤也○雞曰翰音者翰長也雞肥則其鳴聲長也○犬曰羹獻者人將所食羹餘以與犬犬得食之肥肥可以獻祭於鬼神故曰羹獻也○雉曰疏趾者趾足也雉肥則兩足開張趾相去疏也音義隱云雉之肥則足疏故王云足間疏也○兎曰明視者兎肥則目開而視明也故王云目精明皆肥貌也然自牛至兎凡有入物唯有牛云

一頭而豕以下不云數者皆從其所用而言數也則並宜云若干也雞雉爲腊及腊則不數也○脯曰尹祭者尹正也裁截方正而用之祭一通云正謂自作之也脯自作則知肉之所用也論語云沽酒市脯不食言其不正也○稾魚曰商祭者稾乾也商量也祭用乾魚量度燥溼得中而用之也○鮮魚曰脡祭者脡直也祭有鮮魚必須鮮者煮熟則脡直若餒則敗碎不直○水曰清滌者古祭用水當酒謂之玄酒也而云清滌言其甚清皎絜也樂記云尚玄酒是也○酒曰清酌者酌斟酌也言此酒甚清澈可斟酌當爲三酒未必爲五齊黍曰薌合者夫穀秫者曰黍秫既軟而相合氣息又香故曰薌合也○粱曰薌萁者粱謂白粱黃粱也萁語助也○稷曰明粢者稷粟也明白也言此祭祀明白粢也鄭注甸師云粢稷也爾雅云粢稷也注今江東人呼粟爲粢也隋祕書監王劭勘晉宋古本皆無稷曰明粢一句立八疑十二證以爲無此一句爲是今尚書云黍稷非馨詩云我黍與與我稷翼翼爲酒爲食以享以祀然則黍稷爲五穀之主是粢盛之貴黍既別有異號稷何因獨無美名爾雅又以粢爲稷此又云稷曰明粢正與爾雅相合又士虞禮云明齊溲酒鄭注云或曰明齊當爲明視謂兔腊也今文曰明粢粢稷也皆非其次也如鄭言云皆非其次由曲禮有明粢之文故注儀禮云非其次

王劭既背爾雅之說又不見鄭玄之言苟信錯書妄生同異改亂經籍深可哀哉○注號牲至幣帛○正義曰元頭也案釋詁文元首首則頭也武迹也釋訓文春秋傳作腯者桓六年左傳云博碩肥腯是也云羹獻食人之餘也者周禮槀人云掌豢祭祀之犬是也尹正也嘉善也釋言文此等諸號若一祭並有則舉其大者牲牢酒齊而言不應諸事皆道故少牢禮稱敢用柔毛剛鬣嘉薦普淖是也或唯有雞犬或唯魚兔及水酒韭鹽之祭則各舉其美號故此經備載其名必知然者案士虞禮祝辭云尹祭鄭注云尹。脯也大夫士祭無云脯者今不言牲號而云尹祭亦記者誤矣如鄭此言明單用脯者稱尹祭以此推之餘亦可知也○

天子死曰崩諸侯曰薨大夫曰卒士曰不祿庶人曰死異死名者爲人褻其無知若猶不同然也自上顛壞曰崩薨顛壞之聲卒終也不祿不終其祿死之言澌也精神澌盡也○傎音顛澌本又作凘同音賜

在牀曰尸尸陳也言形體在

在棺曰柩柩之言究也○柩音舊白虎通云久也

〔疏〕天子至曰柩○正義曰此一節論死後稱謂尊卑不同之事各隨文解之但生時尊卑著見可識而死蔭爲野土嫌若可棄而

稱輕褻之故爲制尊卑之名則明其猶有貴賤之異也○崩者墜壞之名譬若天形墜壓然則四海必覩古之王者登假也則率土咸知故曰崩○諸侯曰薨者薨者崩之餘聲也而詩云蟲飛薨薨是聲也諸侯卑死不得效崩之形但如崩後之餘聲遠劣於形壓諸侯之死知者亦局也○大夫曰卒者卒畢竟也大夫是有德之位仕能至此亦是畢了平生故曰卒也○士曰不祿者士祿以代耕而今遂死是不終其祿○庶人曰死者死者澌也澌是消盡無餘之目庶人極賤生無令譽死絕餘芳精氣一去身名俱盡故曰死今俗呼盡爲澌即舊語有存者也云崩薨異號至葬同者以臣子藏其君父安厝貴賤同也○在牀曰尸者尸陳也古人病困氣未絕之時下置在地氣絕之後更還牀上所以如此者凡人初生在地既病將死故下復其初生冀脫得死重生也若其不生復反本牀既未殯斂陳列在牀故曰尸也白虎通云失氣亡神形體獨陳是也言形體在也○在棺曰柩者柩究也三日不生斂之在棺死事究竟於此也白虎通云柩究也久也不復變色○然尸柩亦通名也案曾子問云如小斂則子免而從柩此謂小斂舉尸在爲柩也春秋左氏傳贈死不及尸是呼未葬之柩爲尸

羽鳥曰降四足曰漬異於人也降落也漬謂相瀸汙而死也春秋傳

曰大災者何大漬也○降戸江反又音絳注同漬【疏】羽鳥
辭賜反瀸子廉反汙穢汙之汙一作汗戸旦反至曰
漬○鳥獸死異名也降落也羽鳥飛翔之物今云其降落是
知死也○四足曰漬者牛馬之屬也若一箇死則餘者更相
染漬而死今云其漬則知死也異於人耳春秋傳曰大災者
何大漬也公羊莊二十年夏齊大災大災者何大瘠也大瘠
者何痢也注云痢者民疾疫也然
此云漬彼云瘠字異而意同也者○
死寇曰兵異於凡人當饗祿其
後
祭王父曰皇祖考王母曰皇祖妣父曰皇
考母曰皇妣夫曰皇辟更設稱號尊神異於人也皇君也考成也言其德行之成
也妣之言媲也媲於考也辟法也妻所取法也○妣必履反
辟婢亦反徐扶亦反稱尺證反下之稱皆同行下孟反下同
媲普計反【疏】死寇至皇辟○死寇曰兵○謂父祖死君之寇而
子孫爲名也言人能爲國家捍難禦侮爲寇所殺
者謂爲兵兵器仗之名言其爲器仗之用也故君恒祿恤其
子孫異於凡人也故鄭云當饗祿其後春饗孤子是也○祭
王至皇辟○此更爲神設尊號亦廣其義也○王父祖父也
皇君也考成也此言祖有君德已成之也○王母曰皇祖妣

者王母祖母也妣媲也言得媲匹於祖也○父曰皇考母曰皇妣者義如上祖父母也○夫曰皇辟者辟法也夫是妻所取法如君故言君法也○注皇君至法也○正義曰皇君也考成也辟法也皆釋古文也

生曰父曰母曰妻死曰考曰妣曰嬪

嬪婦人有法度者之稱也周禮九嬪掌婦學之法教九御婦德婦言婦容婦功〔疏〕生曰至曰嬪○生時所稱也不言祖及夫者以生號無別稱也○死曰考曰妣曰嬪者嬪婦人有法度之名也前是宗廟之祭加其尊稱故父母並曰皇也此謂非祭時所稱也○注嬪婦至婦功○正義曰周禮九嬪掌婦學之法教九御者此證嬪有德之名周禮以九嬪教宮內之婦人學四德也謂九御者自世婦以下九九而御者也嬪所教不教后夫人及世婦唯教九御而已云婦德婦言婦容婦功者此九嬪所教之事也婦德謂貞順也婦言謂辭令也婦容謂婉娩也婦功謂絲枲也○此生死異稱出爾雅文言其別於生時耳若通而言之亦通也尚書云大傷其考心又云聰聽祖考之彝訓倉頡篇云考妣延年書云嬪于虞詩大明云曰嬪于京周禮九嬪之官並非生死異稱矣

壽考曰卒短折曰不祿

祿謂有德行任爲大夫士而不爲者老而死從

大夫之稱少而死從士之稱○折市設反任音壬又如字〔疏〕壽考至不祿○此並是有德未經仕而死者之稱也壽考老也短折少也若有德不仕老而死者從大夫之稱故曰卒也若少而死者則從士之稱故曰不祿○注有德至之稱○正義曰鄭知有德行任爲大夫士而不爲者若實是大夫士前文已顯今更別云卒與不祿同大夫士之稱故知堪爲大夫士而不爲者檀弓云君子曰終小人曰死與此不同者此據年之老者從大夫之稱少者從士之稱檀弓不據年之老少但據君子取終其成功小人精神盡澌與此別也○**天子視不上於給不下於帶**給交領也天子至尊臣視之目不過此○上時掌反下及注同給音劫○**國君綏視**視國君彌高綏讀爲妥妥視謂視上於給○綏依注音妥他果反**大夫衡視**視大夫又彌高也衡平也平視謂視面也**士視五步**士視得旁遊目五步之中也視大夫以上上下遊目不得旁○遊如字徐音流**凡視上於面則敖**敖則仰○敖五報反**下於帶則憂**憂則低○**傾則姦**辟頭旁視心不正也傾或爲側○辟本或作僻匹亦反○〔疏〕天子至則姦○正義

曰此一節論天子以下其臣視君尊卑有異之事○天子視不上於袷者袷謂朝祭服之曲領也天子至尊臣之所視不得上過於袷過袷則慢供奉至尊須承候顔色又不得下過於帶若下過於帶則似有憂戚不供其事○國君綏視者國君諸侯也妥下也若臣視君目不得取看於面當視面下袷上既卑稍得上視也庾氏云妥頽下之貌前執器以心爲平故以下爲妥此視以面爲平故妥下於面則上於袷也○大夫衡視者衡平也人相看以面爲平若大夫之臣視大夫平看其面也故前云綏視形大夫爲言士視五步者若視大夫以上唯直瞻上下並不得旁視若士之屬吏視士亦不得高面下帶而得旁視左右五步也○凡視上於面則敖者此解所以觀視有界限之義也視人過高則是敖慢定十五年邾子執玉高其容仰高仰驕也○下於帶則憂者若視過下則似有憂有憂憂頭低垂定十五年魯公受玉卑其容俯卑俯替也又昭十一年秋會於厥慭單子視不登帶是也○傾則姦者傾欹側也若視尊者而欹側旁視流目東西則似有姦惡之意也○**君命大夫與士肄**肄習也君有命大夫則與士展習其事謂欲有所發爲也○君命絕句肄本又作肄同以二反**在官言官在府言府在庫言庫**

在朝言朝唯君命所在就展習之也官謂板圖文書之處府謂寶藏貨賄之處也庫謂車馬兵甲之處也朝謂君臣謀政事之處也○處昌慮反下皆同藏才浪反賄呼罪反字林音悔朝言不及犬馬非公議也輟朝而顧不有異事必有異慮心不正志不在君輟猶止也○輟丁劣反故輟朝而顧君子謂之固固謂不達於禮也○在朝言禮問禮對以禮於朝廷言無所不用禮【疏】君命至以禮○正義曰此一節論臣事君所在皆當謹習其事各隨文解之○君命謂君有教命有所營爲也其大夫則與士先習學所爲之事備擬君之所使○在官言官者此是君命所使之事言猶議也若君命之在官則臣當展習言議在官之事○在府言府者命之在府亦當習議在府之事也○在庫言庫者命之在庫亦隨而習議在庫之事也○在朝言朝者命之在朝亦隨而習議在朝之事也○注唯君至處也○正義曰知官謂板圖文書者與府相對周禮內府之屬皆主財貨故知官謂板圖文書故周禮八法治官府○朝言至以禮○此以下明在朝言朝之事朝既如此則官及府庫可知也朝是謀

於政教之處也不宜私褻辯論以及犬馬也○輒朝而顧不有異事必有異慮者輒止也異事非常之事異慮非常之慮也臣於朝矜莊儼恪視不流目若忽止朝而迴顧此若非見異事則心有異慮也此由不先習也○故輒朝而顧君子謂之固者固陋也若身無異事心無異慮忽止朝而顧君子謂此爲固陋不達禮意也魯哀公荅孔子云寡人固不固是也固謂不達禮也○在朝言禮問禮對以禮者朝事既重謀政不輕殷勤誠之言及問對則宜每事稱禮也故鄭注於朝廷言無所不用禮故論語云孔子謂顏回曰非禮勿動非禮勿言非禮勿視非禮勿聽是也

大饗不問卜祭五帝於明堂莫適卜也郊特牲曰郊血大饗腥○適丁歷反腥音星

不饒富富之言備也備而已勿多於禮也

〔疏〕大饗至饒富○正義曰此大饗摠祭五帝其神非一若卜其牲日五帝摠卜而已不得每帝問卜若其一一問卜神有多種恐吉凶不同故鄭云莫適卜摠一卜而已○不饒富者富之言備也雖曰大饗諸帝配以文武然禮數有常取備而已不得以其大饗豐饒其物使之過禮此經直云大饗鄭知祭五帝於明堂者以其上文云不問卜又與月令季秋大饗帝同諸帝皆在不得每帝問卜若其祫之大饗則周禮宗伯享大鬼皆卜不得云不問卜知

非大祫也鄭引郊特牲云郊血大饗腥者取大饗二字以證此大饗之文其實彼大饗文在郊下謂祫祭也然此祭五帝莫適卜而雩摠祭五帝得每帝問卜者以雩祭爲百穀祈雨非一帝之功故每帝適卜至於大饗之時歲功摠畢酬以文武祭報其功不須每帝皆卜故唯一卜而已 ○凡摯天子鬯諸侯圭卿羔大夫鴈士雉庶人之摯匹童子委摯而退摯之言至也天子無客禮以鬯爲摯者所以唯用告神爲至也童子委摯而退不與成人爲禮也說者以匹爲鶩○摯音至徐之二反本又作贄闕鬯勑亮反香酒摯匹依注作鶩音木鴨也野外軍中無摯以纓拾矢可也非爲禮之處用時物相禮而已纓馬繁纓也拾謂射韝○樊本又作繁步丹反韝徐音溝又古侯反一音古豆反婦人之摯椇榛脯脩棗栗婦人無外事見以羞物也椇椇榛木名椇枳也有實今邳郯之東食之榛實似栗而小○椇俱羽反榛側巾反字林云仕巾反木叢也古本又作亲音壯巾反云似梓實如小栗也見賢遍反枳居紙反邳被悲反下邳也郯音談東海縣名〔疏〕凡摯至棗栗○

正義曰天子鬯者釀黑黍爲酒其氣芬芳調暢故因謂爲鬯也天子無客禮必用鬯爲摯者天子弔臨適諸侯必舍其祖廟既至諸侯祖廟仍以鬯禮於廟神以表天子之至故鄭注鬯人亦然也○諸侯圭者謂公侯伯也公侯伯用圭子男用璧以朝王及相朝聘表於至也此唯云圭不言璧者略可知也○卿羔者鄭注宗伯云羔小羊取其羣而不失類也白虎通云羔取其羣而不黨卿職在盡忠率下不黨也周禮云公之孤以皮帛若諸侯適子被王命者各下其君一等公之子如侯伯執圭侯伯之子如子男執璧子男之子命與未命者皆以皮帛繼子男也○大夫鴈者鄭注宗伯云鴈取其侯時而行也白虎通云鴈取飛則行列也大夫職在奉命適四方動則當以正道事君也○士雉者雉取性耿介唯敵是赴士始升朝宜爲赴敵故用雉也羔鴈生執雉則死持亦表見危致命書云二生一死是也故鄭注宗伯云雉取其守介而死不失其節也然白虎通云雉取其不可誘之以食撓之則威死不可畜也士行威介守節死義不當移士摯冬雉夏腒也○庶人之摯匹者匹鶩也野鴨曰鳧家鴨曰鶩鶩不能飛騰如庶人但守耕稼而已故鄭注宗伯云鶩取其不飛遷爾雅釋鳥云舒鳧鶩郭景純云鶩音木舍人及李巡云鳧野鴨名鶩家鴨名某氏云在野舒飛遠者爲鳧○童子委摯而退者童子見先

生或尋朋友既未成人不敢與主人相授受拜伉之儀但奠委其摯於地而自退辟之然童子之摯悉用束脩也故論語云孔子自行束脩以上則吾未嘗無誨焉是謂童子也然凡用牲爲摯主人皆食之故司士云掌擯士者膳其摯鄭司農云王食其所執羔鴈之摯玄謂膳者入於王之膳人○注摯之至至也○正義曰鄭知然者以上文云天子臨諸侯畛於鬼神又鬯人云供介鬯是天子於諸侯有告神之義○野外軍中無摯以纓拾矢可也○謂人在野外軍旅之中或應相見而無物可持爲摯者則不以舊禮當隨時所用纓謂馬繁纓即馬鞅也拾射韝也矢猶箭也軍在野無物故用此爲摯可也不直云軍中而云野外者若軍在都邑中則宜依舊禮不可用軍物也云若非軍中而在野外亦曰時物或纓拾之徒隨所有也舉一隅耳觸類而長之則若土地無正幣則時物皆可也○婦人之摯椇榛脯脩棗栗○婦人無外事唯初嫁用摯以見舅姑故用此六物爲摯也椇即今之白石李也形如珊瑚味甜美榛似栗而小也脯搏肉無骨而暴之脩取肉鍛治而加薑桂乾之如脯者所以用此六物者椇訓法也榛訓至也脯始也脩治也棗早也栗肅也婦人有法始至脩身早起肅敬也故后夫人以下皆以棗栗爲摯取其早起戰栗自正也必知以名爲義者案莊二十四年左傳云女贄不

過榛栗棗脩以告虔也見榛是虔義之名明諸物皆取名爲義案昏禮婦見舅以棗栗見姑以腶脩其榛椇所用無文

○納女於天子曰備百姓於國君曰備酒漿於大夫曰備埽灑納女猶致女也壻不親迎則女之家遣人致之此其辭也姓之言生也天子皇后以下百二十人廣子姓也酒漿埽灑賤婦人之職○埽悉報反灑所買反又山寄反迎魚敬反賤婦人之職本又有無婦字【疏】納女至埽灑○正義曰納猶致也致者壻不親迎者則女之家三月廟見使人致之而爲此辭姓生也言致此女備王之后妃以下百二十人以生廣子孫故云姓也○於國君曰備酒漿者致女於諸侯也酒漿是婦人之職也故送女而持此爲辭轉卑不敢言百姓也詩云無非無儀唯酒食是議是也○於大夫曰備埽灑彌賤也不敢同諸侯故不得言酒漿也唯及大夫不及士者士卑故也諸侯功成得備八妾重國廣嗣也○注納女至之職○正義曰成成九年夏季孫行父如宋致女此云納女故云納女猶致女也知壻不親迎嫁女之家使人致女者以成九年二月伯姬歸於宋時宋公不親迎故魯季孫行父如宋致女是也而天子亦有親迎以否者異義云禮戴說天子親迎左氏說天子不親迎

使上卿迎之諸侯亦不親迎使上大夫迎鄭駁異義云文王迎大姒親迎於渭又引孔子荅哀公合二姓之好以繼先聖之後以爲天地宗廟社稷之主冕而親迎君何謂已重乎此天子諸侯有親迎也若不親迎則宜致女云備百姓也

附釋音禮記注疏卷第五

清嘉慶二十年重栞
宋用文選樓藏本校

江西南昌府學栞

禮記注疏卷五挍勘記　阮元撰盧宣旬摘錄

曲禮下

五官之長曰伯節　惠棟挍云五官之長節其擯節九州之長節其在東夷節於內自稱節庶方小侯節宋本合爲一節

五官至職方　惠棟挍宋本無此五字

故詩崧高注云當堯時　監毛本作時此本時誤氏閩本同

明堯末置之　閩監本作末此本誤未毛本同

其擯於天子也節

天子同姓謂之伯父　閩監毛本同石經同岳本嘉靖本同釋文出天子謂之伯父云本或有同姓二字衍文正義本有同姓二字

正義曰此是二伯也　惠棟挍宋本無上三字

九州之長節

正義曰殷曰伯　惠棟挍宋本無上三字

一本云天下同姓　閩本同監毛本下作子

其在東夷節

雖有侯伯之地　惠棟挍宋本同宋監本同閩本同岳本嘉靖本同監毛本侯誤諸

正義曰此天子亦選其中賢者　惠棟挍宋本無上三字

庶方小侯節

正義曰庶衆也　惠棟挍宋本無上三字

曰天子之力臣　閩監毛本同惠棟挍宋本曰上有則字

對天子皆稱名也　惠棟校宋本此下標禮記正義卷第六終又記云凡二十七頁

天子當依而立節　惠棟校宋本自此節起至納女於天子節止爲卷七首題禮記正義卷第七

天子至曰朝　惠棟校宋本無此五字

左右几　監毛本作儿此本儿誤凡閩本同

負之而南面以對諸侯也　閩本同惠棟校宋本同監毛本面誤而

欲其來之早　閩本同惠棟校宋本同監毛本來誤求

殷頫亦並依時　閩監毛本作覜此本誤頫下然所以殷頫不須分四時者同

恆當門自蔽名曰樹　閩監本同考文引宋板同毛本恆誤字衛氏集說恆作垣是也

而近應門者矣　閩本同惠棟校宋本同監毛本矣誤也

諸公在西 閩監毛本有公字此本脱

公族朝於內朝 閩本同監毛本族作侯與文王世子不合考文引宋板作族

及王退侯大夫之朝也 閩本同監毛本侯誤侯考文引宋板亦作侯

南面西上上 補毛本無重上字此本重疑傳寫之誤

此是每日視朝之位 閩本同監本此字上空闕毛本脱上字並非

諸侯不及期相見節

郤間也 閩本同嘉靖本同監毛本間作閒岳本同

諸侯至曰盟 惠棟挍宋本無此五字

許君謹案 閩監本同毛本君作慎

以詛射頴考叔者 監毛本同閩本頴誤穎○按廣韻於从禾之穎字下云又姓左傳穎考叔

亦非說詳左傳挍勘記

不入君也　閩監毛本同惠棟挍宋本不作下是也

故定四年鑪金云　閩監毛本同案鑪金二字不可解準以正義引左傳之例如本節疏所稱僖二十五年左傳云襄二十六年左傳云隱七年左傳云則此當作故定四年左傳云鑪金二字當爲左傳二字但形聲絕不相涉不知何以誤寫至此浦鏜云鑪金云三字當爲衍文

果敗諸崤　監毛本作崤此本𡺇誤峭閩本同

諸侯見天子節

奉珪請覲　閩監毛本同惠棟挍宋本珪作圭宋監本同岳本嘉靖本同考文云古本足利本作圭

自稱曰寡人　閩監毛本同石經同岳本嘉靖本同釋文出自謂云一本作自稱正義本亦作自稱

違辟天子　嘉靖本辟作避○按避正字辟假借字

某甫且字閩監毛本同岳本嘉靖本同衞氏集說且作舉謬

諸侯至之老惠棟校宋本無此五字

是鄭意術擯者之辭閩本同監毛本術作述○按作術用假借字監本初亦作術後改述

不許楚之滅蔡也閩監毛本作滅此本誤濟今正

舍爲君商人之弒也閩監毛本同盧文弨校本舍上增成字商上增惡字

言葬後未執玉而執皮帛惠棟校宋本作未執玉衞氏集說同此本未執二字闕玉誤王閩本同監毛本未執玉作見於王非

故得見也若未葬惠棟校宋本作也若衞氏集說同此本也若二字闕閩監毛本作天子非

言謚曰類○言謚謂將葬閩監毛本如此此本○言二字闕惠棟校宋本○作者字衞氏集說亦作言謚謂將葬

故將葬之前　惠棟挍宋本作故將衛氏集説同此本故將二字闕閩本同監毛本作當未非

使大夫行象聘問之禮也　惠棟挍宋本作行象此本行象二字闕閩監毛本行象作來行與注不合

今請謚使大夫　閩監毛本作謚使此本謚使二字闕惠棟挍宋本使作遣

言類象聘而行此禮也　閩本同惠棟挍宋本同監毛本象誤相

解經中類字　惠棟挍宋本作解經此本解經二字闕閩監毛本同

案玉藻云　惠棟挍宋本作案玉此本案玉二字闕閩監毛本案作○非

若於已君　惠棟挍宋本作若於此本若於二字闕閩監毛本若作稱衛氏集説同

天子穆穆節

皇且行又曰　惠棟挍宋本作行又岳本同嘉靖本同衛氏集説同此本行又二字闕閩監毛本又作者

非

衆介北面鏘鏘焉　閩監毛本同岳本同嘉靖本同衛氏集說同惠棟校宋本鏘鏘焉三字作蹌蹌焉二字宋監本同齊召南考證云按鄭用聘禮記文當作衆介北面蹌焉此下疏亦作蹌焉則鏘鏘二字並誤也○按段玉裁云依說文當作蹩蹩爲行兒蹌訓動也然則禮言行容者皆蹩爲正字蹌爲假借字

天子至僬僬○　惠棟校宋本無此五字一○

故行止威儀多也　惠棟校宋本作行止此本行止二字闕閩監毛本行止作穆穆非

而猶有莊盛　惠棟校宋本作猶有此本猶有二字闕閩監毛本猶有作皇皇非

皇皇莊盛也　閩監毛本同惠棟校宋本下皇字作自山井鼎曰聘禮注作皇自莊盛也宋板爲是

並自直行而已　惠棟校宋本作自直衛氏集說同此本自直二字闕閩監毛本同

故詩有濟濟文王　閩監毛本同惠棟校宋本文作辟是也衛氏集說同

聘禮人臣閩監毛本同惠棟挍宋本人作是是也

宜巳申也惠棟挍宋本作申此本申字闕閩監毛本同

亦聘禮文也惠棟挍宋本作也此本也字闕閩監毛本同

天子之妃節

於其君稱此毛本如此岳本嘉靖本同衛氏集說同此本其君稱三字闕閩監本同

以接見禮敵閩監本同毛本禮作體岳本嘉靖本同衛氏集說同案依正義作體是也

嫌其當毛本如此岳本嘉靖本同衛氏集說同此本三字闕閩監本同

言子者通男女毛本如此岳本嘉靖本同衛氏集說無者字此本六字闕閩本闕五字監本同案考文古本亦無者字

亦謂諸侯之卿也毛本如此岳本嘉靖本同衛氏集說同此本之卿也三字闕閩監本同

曰某士者如晉韓起聘於周閩監毛本如此岳本如作若嘉靖本同宋監本同衛氏集說同此本者如晉三字闕

陪重也毛本如此岳本嘉靖本同衛氏集說同此本三字闕閩監本同

天子至曰某惠棟挍宋本無此五字

妃邦君之合配王閩監毛本同惠棟挍宋本邦君之作配也判是也

以特牲少牢是大夫士之禮惠棟挍宋本作少牢是是也衛氏集說同此本少牢是三字闕閩監毛本同

故繼其王言之曰王后也惠棟挍宋本作曰王后是也此本曰王后三字闕閩監毛本同

孺屬也言其爲親屬惠棟挍宋本作也言其閩本言其作與之非監毛本作與人亦非此

本也言其三字闕衞氏集說亦作言其

孺屬也○士曰婦人者毛本如此閩本○士誤大夫監本○闕此本也○上三字闕

其婦號亦上下通名故春秋惠棟校宋本作通名故閩監毛本名故作稱按非此本通名故三字闕衞氏集說三字作通稱故

言婦有姑之辭惠棟校宋本作有姑之衞氏集說同閩監毛本有姑作通稱非此本有姑之三字闕

則貴賤悉曰妻惠棟校宋本作貴賤悉此本貴賤悉三字闕閩監毛本貴賤悉作上下通衞氏集說同

獨言諸侯閩監毛本作獨言諸惠棟校宋本獨作令此本獨言諸三字闕考文引宋板獨作令諸作公衞氏集說同

故以敵體一人正者爲夫人 惠棟挍宋本作以敵體衛氏集說同閩監毛本以敵體作但得以此本三字闕

故公羊云夫人無子 惠棟挍宋本作羊云夫閩監毛本羊云作侯之此本羊云夫三字闕

文家先立娣之子左氏亦夫人姪娣 惠棟挍宋本作之子左此本之子左三字闕閩監毛本左字闕

謂夫人姪娣也其數二人 惠棟挍宋本作也其數此本也其數三字闕閩監毛本同

有妾者謂九女之外 惠棟挍宋本作九女是也衛氏集說同閩監毛本作九女作六人非此本九女之三字闕

自稱曰陪臣某 閩監本同毛本某下有者字

天子不言出節

天子至姓名　惠棟挍宋本無此五字

所在稱君　閩監毛本同浦鏜挍云居誤君

君子不親比惡人　閩監毛本比作此衛氏集說同

注天至是也　閩監本同毛本天下有子字

故鄭揔言絕之　閩本同惠棟挍宋本同監毛本絕字脫之之下有也字

爲人臣之禮節

爲人至逃之　惠棟挍宋本無此五字

五曰贛諫　閩監本同毛本贛作戇下同

若三諫不聽　閩監毛本同惠棟挍宋本聽作從衛氏集說同

子之事親也節

子之至隨之惠棟按宋本無此五字

冀有悟而改之閩監毛本同惠棟按宋本之作也衛氏集說同

君有疾節

君有疾飲藥至醫不三世不服其藥惠棟按宋本無此十四字

儗人必於其倫節

儗人必於其倫○惠棟按宋本無此七字

問天子之年節

問天至負薪也惠棟按宋本無此六字

謙不敢言見也監毛本作見衛氏集說同此本見誤用閩本同

數射筭閩監本同毛本筭作算是正字

但以予自典告也閩監毛本作告衞氏集說同此本告誤吉

謂主事者閩本同監毛本主誤王

問國君之富節

問國至以對惠棟挍宋本無此五字

天子祭天地節惠棟挍云天子祭天地節凡祭節天子以犧牛節支子節宋本合爲一節

天子至其先惠棟挍宋本無此五字

周人宗武王是也閩監毛本同浦鏜挍云下當脫祭地者謂祭崑崙之神及神州地祇也一十五字

於一州中更分爲九州○惠棟挍宋本作一是也此本誤閩監毛本作神亦非衞氏集說同

紫微爲天帝北極輝魄寶閩監毛本輝作耀

以刺幽王之無道閩監毛本同作王是也

旣無等差惠棟挍宋本同閩監毛本等差二字倒

天子以犧牛節

犧純毛也閩監毛本同岳本嘉靖本同釋文出牷云音全一本作純考文引古本作牷

卒哭成事附皆太牢閩本同惠棟挍宋本同監毛本附作祔下同

凡祭宗廟之禮節

豚曰腯肥石經同岳本嘉靖本同釋文出豚曰腯肥云腯徒忽反注同本或作豚案此經文腯字及注腯亦肥也並當從釋文或作豚本盧文弨挍云觀注云春秋傳作腯則此不作腯明矣釋文下又有作腯徒忽反一音若腯字上先見當云注同不必更出矣

槀魚曰商祭　閩監毛本作魚石經同岳本同此本魚誤兎嘉靖本商誤商

稷曰明粢　石經同岳本同各本同程瑤田九穀考云蔡邕獨斷無稷曰明粢句釋文明粢一本作明粱古本無此句案隋王劭勘晉宋古本皆無稷曰明粢句立八疑十二證孔疏非之引鄭氏士虞禮注以斥其妄然考鄭氏注曲禮於稷曰明粢句無解說其注士虞禮曰明齊新水也又曰或曰當爲明視謂兎腊也今文曰明粢粢稷也皆非其次尋其語氣鄭於明視意中有曲禮兎曰明視之說故直斥之曰謂兎腊也於明粢意中無曲禮稷曰明粢之說故必申言粢字据爾雅粢稷之云以斥今文之非由是言之鄭注曲禮時或實無稷曰明粢句而晉宋以後人誤讀士虞禮注而加之亦未可知耳王劭所見古本恐未可遽斷其非漢代流傳眞本

稻曰嘉蔬　石經同岳本嘉靖本同釋文出嘉疏云本又作蔬通典四十八引稻曰嘉蔬

號牲物者異於人用也　毛本如此岳本嘉靖本同宋監本同衛氏集說同此本者用二字闕閩監本同

翰猶長也 惠棟挍宋本作猶長宋監本同岳本嘉靖本同閩監毛本猶長作長聲衛氏集說同此本猶長二字闕釋文出翰長通典四十八引翰長也無猶字

其辭也嘉善也 毛本作嘉善岳本嘉靖本宋監本同此本嘉善二字闕閩監本同通典引其辭也嘉善也

凡祭至量幣 惠棟挍宋本無此五字

裁截方正而用之祭 閩本同惠棟挍宋本同監毛本而誤也

量度燥滋得中 閩監毛本滋作濕衛氏集說同

案釋古文 閩監毛本古作詁

鄭注云尹脯也 閩監毛本同考文引宋板尹下有祭字

令不言牲號 閩監毛本作令此本誤令

天子死曰崩節　惠棟挍云天子節羽鳥節死寇節生曰節壽考節宋本合爲一節

自上顛壞曰崩　閩監毛本岳本嘉靖本同釋文本顛作傎

言形體在　岳本嘉靖本宋監本同閩監毛本在下有也字考文引宋板足利本無也字

天子至曰柩　惠棟挍宋本無此五字

但如崩後之餘聲遠劣於形壓　閩監毛本同考文引宋板餘聲下又有聲字衞氏集說亦有

亦是畢了平生　閩監毛本作了此本誤子

不復變色　閩監毛本同惠棟挍宋本色作也

羽鳥曰降節

漬謂相瀸汙而死也　閩監本同岳本同毛本汙誤汗嘉靖本瀸誤纖

今云其降落　閩監毛本作今此本誤令

字異而意同也者　閩監毛本作者也惠棟挍宋本無者字

死寇曰兵節

兵器仗之名　監毛本作仗衛氏集說同此本仗誤伏閩本同下倣此

生曰父節

大傷其考心　閩本同惠棟挍宋本同監毛本其作厥衛氏集說同

壽考曰卒節

祿謂有德行任爲大夫士而不爲者　閩監毛本同岳本嘉靖本同浦鏜挍云祿當衍字衛氏集說無祿字

天子視不上於袷節

謂視上於袷 閩監本同岳本嘉靖本同衛氏集說同毛本上誤止

天子至則姦 惠棟挍宋本無此五字

目不得取看於面 閩本取看作平看惠棟挍宋本同衛氏集說同監毛本取看作平視

既卑稍得上視也 閩監本同毛本卑作畢

君命節

謂欲有所發爲也 惠棟挍宋本同岳本嘉靖本宋監本同衛氏集說同閩本有誤殔監毛本誤肆

謂板圖文書之處 閩本同惠棟挍宋本同宋監本同嘉靖本同監毛本板作版岳本同疏倣此

君命至以禮 惠棟挍宋本無此五字

大饗不問卜節

大饗至饒富 惠棟挍宋本無此五字

凡摯節

所以唯用告神爲至也 各本同通典七十五作所以灌用告神

馬繁纓也 閩監毛本同岳本嘉靖本同釋文出樊纓云本又作繁正義本作繁

椇枳也 閩監毛本同岳本嘉靖本同段玉裁云釋文作枳椇內則注亦有椇枳椇也盧文弨云足利古本作椇枳椇也與釋文合按通典七十五作椇枳根也根當爲椇字之譌

凡摯至棗栗 惠棟挍宋本無此五字

子男用璧 閩監毛本同惠棟挍宋本用上有則字衞氏集説同

鴈取飛則行列也 閩監毛本則作有

亦曰時物 閩監毛本同惠棟挍宋本曰作申衞氏集説同

納女於天子節

賤婦人之職 閩監毛本同岳本嘉靖本同釋文同衞氏集說同考文引宋板無賤字是也

故云姓也 閩監毛本同惠棟挍宋本姓上有百字衞氏集說同

親迎於渭 閩監毛本作渭此本誤謂

附釋音禮記注疏卷第五 惠棟挍宋本此行題禮記正義卷第七終記云凡二十九頁又宋監本題禮記卷第一經五千七百二十二字注八千三百二十七字嘉靖本題禮記卷第一經五千六百九十字注八千四百一字案嘉靖本每卷尾有此題識作雙行細注與宋監本所記字數不合各附著之以存舊式

禮記注疏卷五挍勘記

附釋音禮記注疏卷第六

檀弓上第三

○陸曰檀弓魯人檀大丹反姓也弓名以其善於禮故以名篇

【疏】正義曰案鄭目録云名曰檀弓者以其記人善於禮故著姓名以顯之姓檀名弓今山陽有檀氏此於别録屬通論此檀弓在六國之時知者以仲梁子是六國時人此篇載仲梁子故知也案子游譏司寇惠子廢適立庶又檀弓亦譏仲子舍適孫而立庶子其事同不以子游名篇而以檀弓爲首者子游是孔門習禮之人未足可嘉檀弓非是門徒而能達禮故善之以爲篇目

禮記　鄭氏注　孔穎達疏

公儀仲子之喪檀弓免焉 故爲非禮以非仲子也禮朋友皆在他邦乃袒免○公儀仲子公儀氏仲子字魯之同姓也其名未聞免音問注同以布廣一寸從項中而前交於額上又卻向後繞於髻袒音但

仲子舍其孫而立其子 此其所立非也公儀蓋魯同姓周禮適子死立適孫爲後○舍音捨下皆同適多歷反下皆同

檀弓曰何居我未之前

聞也居讀爲姬姓之姬齊魯之間語助也前猶故也○居音㱃下同趨而就子服伯子於門右曰仲子舍其孫而立其子何也去賓位就主人兄弟之賢者而問之子服伯子蓋仲孫蔑之玄孫子服景伯蔑魯大夫○蔑音芒結反○伯子曰仲子亦猶行古之道也昔者文王舍伯邑考而立武王微子舍其孫腯而立衍也夫仲子亦猶行古之道也伯子爲親者隱耳立子非也文之立武王權也微子適子死立其弟衍殷禮也○腯徐本作遁徒本反又徒遜反衍以善反爲于僞反下爲晉禮爲爲師同○子游問諸孔子孔子曰否立孫據周禮○孔子曰否絕句

【疏】公儀至立孫○正義曰此一節論仲子廢適立庶爲檀弓所譏之事公儀仲子而身今喪亡檀弓與之爲友又非處他邦爲之著免故爲重服譏其失禮所以譏者仲子適子既死舍其適孫而立其庶子檀弓居在賓位而言曰何居居是語辭言仲子舍適孫立庶子是何

道理乎我未之前聞前猶故也言我未聞故昔有此事既言
之後乃從賓位趍而就子服伯子於門右問之曰仲子舍其
適孫而立庶子是何禮也伯子爲仲子隱諱乃言曰仲子雖
生周世猶上行古之道也言亦者餘人有行古之道仲子亦
如餘人故云亦也即引文王微子之事爲古之道也更繼之
云仲子亦猶行古之道與文王微子無異子游以此爲疑問
諸孔子孔子以仲子周人當從周禮不得立庶子當立孫也
○注禮朋友至袒免○正義曰知者喪服記云若他邦來還
家而無主猶爲之免故鄭注云歸有主人乃已明無主猶袒
免也若朋友俱在家則弔服加麻加麻者素弁上加緦之環
絰若一在一否亦然知者以云皆在他邦乃袒免明不皆在
者則否○注公儀蓋魯同姓○正義曰知者案史記魯相公
儀休此云子服伯子是魯人故疑魯同姓也知同姓者以春
秋有公鳥公若公儀同稱公故知同姓也○注去賓至大夫
正義曰案賓位之法隨主人而變小斂之前主人未忍在主
位有事在西階下則賓亦入門西弔於西階下故士喪禮君
使人襚主人拜送拜賓即位西階下東面鄭云未忍即主人
位也小斂之後尸則出堂廉然後有飾主人位則在阼階下
西面賓弔者入門東於東階下弔也故士喪禮小斂訖故士
舉男女奉尸侇於堂主人降自西階即位踊襲絰于序東鄭

云即位踊東方位也則衆主人不拜賓發初在東耳而檀弓之來者當在小斂之前初于西階行譏弔而主人未覺後乃趨獵門右問伯子焉必知小斂前者以仲子初喪即正適庶之位故也未小斂而著免者故為非禮之弔亦異常也然則子游之弔惠子是小斂後也故服衰而在門東故鄭云大夫家臣位在賓後又云在門內北面云子服伯子蓋仲孫蔑之玄孫子服景伯者案世本獻子蔑生孝伯孝伯生惠伯惠伯生昭伯昭伯生景伯云蓋者彼云子服景伯此云子服伯子不同故云蓋景是謚伯是字也○注文王之立武王權也○正義曰案文王在殷之世殷禮自得舍伯邑考而立武王而言權者殷禮若適子死得立弟也今伯邑考見在而立武王故云權也故中候云發行誅紂且弘道也是七百年之基驗也

○**事親有隱而無犯**隱謂不稱揚其過失也無犯不犯顏而諫論語曰事父母幾諫**左右就養無方**左右謂扶持之方猶常也子則然無常人○左右徐上音佐下音佑今並如字下同養以尚反下同**服勤至死致喪三年**勤勞辱之事也致謂戚容稱其服也凡此以恩為制○稱尺證反**事君有犯而無隱**既諫人有問其國政者可以語其得

失若齊晏子爲晉叔向言之○語魚據反又如字向香亮反叔向羊舌肸**左右就養有方**不可侵官**服勤至死方喪三年**方喪資於事父凡此以義爲制**事師無犯無隱左右就養無方服勤至死心喪三年**心喪戚容如父而無服也凡此以恩義之間爲制○【疏】事親至三年○正義曰此一節論事親事君及事師之法臣子著服之義各依文解之○注無犯至幾諫○正義曰據親有尋常之過故無犯若有大惡亦當犯顏故孝經云父有爭子則身不陷於不義是也論語曰事父母幾諫是尋常之諫也○注左右至常人○正義曰凡言左右者據僕從之臣故立有左右僕從之官位此左右言扶持之謂子在親左相右相而奉持之云子則然無常人然猶如是也但是子則須如是或左右奉持不常遣一人在左一人在右故云無常人○注勤勞至爲制○正義曰言服勤者謂服持勤苦勞辱之事故云致謂戚容稱其服也者致之言至也謂哀情至極而居喪禮故云致謂戚容稱其服也上曲禮云五十不致毁與此同云凡此以恩爲制者凡上三事對下君與師故云以恩爲制○注既諫至言之○正義曰知既諫而後人有問其國

政可以語其得失者昭三年左傳云晏子謂景公曰小人近市朝夕得所求景公曰子近市何貴何賤於是景公繁於刑有鬻踊者故對曰踊貴屨賤諫景公重刑後及其聘晉與叔向言齊國之政將歸陳氏景公厚斂焉陳氏厚施焉是既諫得言君之過若其未諫而言君過則不可故昭三年子大叔如晉張趯與子大叔言云火星中而寒暑退此其極也能無退乎未曾諫君輒言君德之退故傳云張趯有知其由在君子之後乎是其被譏也魯昭公取同姓孔子不仕昭公既先諫所以論語稱孔子爲昭公諱而稱上也過者聖人含弘勸獎舉過歸己非實事也若史策書理則不一若其良史直筆不隱君過董狐書趙盾弒君及丹楹刻桷之屬是也若忠順臣則諱君親之惡者春秋辟諱皆是故僖元年左傳云諱國惡禮也○注不可侵官○正義曰案成十六年左傳云晉楚戰于鄢陵時欒書將中軍欒鍼爲晉侯車右晉侯陷於淖欒書將載晉侯鍼曰書退侵官冒也失官慢也離局姦也時欒書并元帥之任欲載晉侯是侵官也故云不可侵官此謂君有不常小事若有危難當致死故論語云事君能致其身○注方喪資於事父○正義曰方謂比方也謂比方父喪禮以喪君故云資於事父資取也取事父之喪禮以喪君但居處飲食同耳不能戚容稱其服○注心喪至爲制○正義曰凡

親有冥造之功又有生育之惠故懷哀戚之痛同君衰服之限君則徒有榮身顯親之事而無冥造生育之功故唯服麁衰表盡哀戚師則以恩愛成已有同於親故不爲制服故云心喪戚容如喪父爲恩愛成己故也云而無服者旣無親之冥造又無君之榮顯故無服也云以恩義之閒爲制者無犯是同親之恩無隱是同君之義兼有親恩君義故言恩義之閒爲制但子之事親本主恩愛不欲聞親有過惡故有隱不欲違親顔色故無犯臣之事君利在功義若有惡不諫社稷傾亡故有犯君之過惡象所同知故云無隱也○

季武子成寢武子魯公子季友之曾孫季孫夙

杜氏之葬在西階之下請合葬焉許之入宮而不敢哭武子曰合葬非古也自周公以來未之有改也自見夷人冢墓以爲寢欲文過之○葬徐才浪反又如字合如字徐音閤後合葬皆同文如字徐音問

吾許其大而不許其細何居命之哭記此者善其不奪人之恩

【疏】季武至之哭○正義曰此一節明不奪人之恩兼論夷人冢墓爲寢欲文過之事各

隨文解之○注武子至孫夙○正義曰案世本公子友生齊仲齊仲生無逸無逸生行父行父生夙夙是公子友曾孫也○注自見至文過○正義曰言文過者武子自云合葬之禮非古昔之法從周公以來始有合葬至今未改我成寢之時謂此冢墓是周公以前之事不須合葬故我夷不之以爲寢不肯服理是文飾其過先儒皆以杜氏喪從外來就武子之寢合葬與孔子合葬於防同又案晏子春秋景公成路寢之臺逢於阿盆成逆後喪並得附葬景公寢中與此同也○吾許至何居○吾許其大者聽之將喪而入葬是許其大不許其細哭是細也何居居語辭既許其大而不許其細是何道理故云何居

子上之母死而不喪子上孔子曾孫子思伋之子名白其母出○不喪如字下同徐息浪反下放此伋音急子思名也孔子之孫門人問諸子思曰昔者子之先君子喪出母乎曰然禮爲出母期父卒爲父後者不服耳○期居宜反本又作朞後放此子之不使白也喪之何也子思曰昔者吾先君子無所失道道隆則從而

隆道汚則從而汚汚猶殺也有隆有殺進退如禮○隆力中反盛也汚音烏下同殺所戒反又所例反下同伋則安能自予不能及○予羊許反許也一云我也又音餘爲伋也妻者是爲白也母不爲伋也妻者是不爲白也母故孔氏之不喪出母自子思始也記禮所由廢非之

【疏】子上至始也○正義曰此一節論子上不喪出母之事各隨文解之○注禮爲至服耳○正義曰案喪服齊衰杖期章出妻之子爲母又云出妻之子爲父後者則爲出母無服傳云與尊者爲一體不敢服其私親是也子思既在子上當爲出母有服故門人疑而問之云子之先君子謂孔子也令子喪出母乎子思曰然然猶如是也言是喪出母故也伯魚之母被出死期而猶哭是喪出母也○子思至而汚○道猶禮也言吾之先君子無所失道道有可隆則從而隆謂父在爲出母宜加隆厚爲之著服道汚者汚猶殺也若禮可殺則從而殺謂父卒子爲父後上繼至尊不敢私爲出母禮當減殺則不爲之著服伋則安能者子思自以才能淺薄不及聖祖故云伋則何能鄭云自予不能及予猶許也自

許不能及也。○孔子曰：拜而后稽顙，頽乎其順也。此殷之喪拜也。頽，順也。先拜賓，順於事也。○顙，素黨反，稽音顙，觸地無容。頽，徒回反。稽顙而后拜，頎乎其至也。此周之喪拜也。頎，至也。先觸地無容，哀之至。○頎，音懇，惻隱之貌，又音畿。觸，音昌欲反。三年之喪，吾從其至者。重者尚哀戚，自期如殷可。

【疏】孔子至至者。○正義曰：此一節論殷周喪拜之異也。拜者，主人孝子拜賓也。稽顙者，觸地無容也。頽然不逆之意也。拜是爲賓，稽顙爲已，前賓後已，各以爲顙然而順序也。○稽顙而后拜，頎乎其至也者，頎，惻隱貌也。先觸地無容，後乃拜賓也。是爲親痛深，貌惻隱之至也。○三年之喪，吾從其至者，孔子評二代所拜也。至者，謂先稽顙後拜也。重喪主貌惻隱，故三年喪則從其頎至者也。○注重者至殷可。○正義曰：三年之喪尚哀戚，則從周，自期以下如殷可。此經直云拜而后稽顙，稽顙而后拜，鄭知拜而後稽顙是殷之喪拜，稽顙而后拜是周之喪拜者，於孔子所論每以二代相對，故下檀弓云殷人既封而弔，周人反哭而弔，殷以慤，吾從周。又云殷朝而殯於祖，周朝而遂葬，皆以殷周相對，故知此亦殷周相對也，知並是殷周喪拜者，此云三年之喪吾從其至明非三年喪者則從其順故知並是喪拜但殷之喪拜自斬衰以下緦麻以上皆拜而后稽顙以其質故也周則杖期以上皆先稽顙而后拜不期杖以下乃作殷之喪拜鄭知殷先拜而后稽顙周先稽顙而后拜者以孔子所論皆先殷而後周今拜而后稽顙文在其上故爲殷也稽顙而后拜文在其下故爲周也且下檀弓云秦穆公使人弔公子重耳重耳稽顙而不拜示不爲後也若爲後當稽顙而後拜也重耳既在周時明知先稽顙而後拜者若然士喪禮既是周禮所以主人拜稽顙似亦先拜而後稽顙者士喪禮云拜稽顙者謂爲拜之時先稽顙其喪大記每拜稽顙者與士喪禮同案晉語云秦穆公弔重耳重耳再拜不稽顙與下篇重耳稽顙不拜文異者國語之文不可用此稽顙而後拜即大祝凶拜之下鄭注稽顙而後拜謂三年服者此拜而後稽顙即大祝吉拜鄭注云謂齊衰不杖以下者鄭知凶拜是三年服者以雜記云三年之喪以其喪拜喪拜即凶拜鄭又云吉拜齊衰不杖以下則齊衰杖者亦用凶拜者知齊衰杖用凶拜者以雜記云父母在爲妻不杖不稽顙明父母殁爲妻杖得稽顙也是知杖齊衰得爲凶拜若然雜記云三年之喪以其喪拜非三年之喪以吉拜則杖期以下皆用吉拜今此杖期得用凶拜者雜記所云大判而言雖有杖期摠屬

三年之內熊氏以爲雜記所論是拜問拜賜故杖期亦屬吉拜必知然者以鄭注大祝凶拜云三年服者是用雜記之文解以凶拜之義則拜賓拜問拜賜不得殊也且雜記問與賜與於拜文上下不相接次不可用也周禮大祝一曰稽首鄭云頭至地案中候我應云王再拜稽首鄭云稽首頭至手也此即臣拜君之拜故左傳云天子在寡君無所稽首大夫於諸侯亦稽首故下曲禮云大夫之臣不稽首則大夫於君得稽首二曰頓首鄭曰頭叩地不停留也此平敵以下拜也諸侯相拜則然以其不稽首唯頓首也三曰空首鄭云頭至手所謂拜手也以其與拜手是一故爲頭至手也此荅臣下之拜其敵者既用頓首故知不敵者用空首四曰振動鄭云戰栗變動之拜謂有敬懼故爲振動故尚書泰誓火流爲烏王動色變是也五曰吉拜者謂先作頓首拜後作稽顙故鄭康成注與頓首相近六曰凶拜者既重於吉拜當先作稽顙而後稽首七曰奇拜鄭大夫云奇拜謂一拜也鄭康成云一拜荅臣下然燕禮大射公荅再拜者爲初敬之爲賓尊之故再拜燕末無筭爵之後唯止一拜而已八曰褒拜者鄭大夫云褒讀爲報拜再拜也鄭康成云再拜拜神與尸九曰肅拜者鄭司農云但俯下手今時撎是也介者不拜引成十六年爲事故敢肅使者此禮拜體爲空首一拜而已其餘皆再拜也

其肅拜或至再故成十六年晉郤至三肅使。此肅又謂婦人之拜故少儀云婦人吉事雖有君賜肅拜是也○孔子既得合葬於防言既得者少孤不知其墓○少詩召反下文同曰吾聞之古也墓而不墳墓謂兆域今之封塋也古謂殷時也土之高者曰墳○墳扶云反今丘也東西南北之人也不可以弗識也於是封之崇四尺東西南北言居無常處。也聚土曰封封之周禮也周禮曰以爵等爲丘封之度崇高也高四尺蓋周之士制○識式志反又如字處昌慮反之度本又作之數孔子先反當脩虞事門人後雨甚至後待封也孔子問焉曰爾來何遲也曰防墓崩言所以遲者脩之而來○防墓防地之墓也庾云防衛墓崩孔子不應以其非禮○應應對之應三三言之以孔子不聞○三息暫反又如字孔子泫然流涕曰吾聞之古不脩墓脩猶治也○泫胡犬反涕音體【疏】孔子至脩墓○正義曰此一節論古者不脩墓之事各依文解之○天子之墓一丈諸侯八尺其次降差以兩○今丘也東西南北之人也不可以弗識也○今既東西南北不但在鄉若久乃歸還不知葬之處所故云不可以不作封墳記識其處○注周禮至士制○正義曰引周禮冢人云高四尺蓋周之士制者其父梁紇雖爲大夫周禮公侯伯之大夫再命與天子中士同云周之士制者謂天子之士也○曰防墓崩○防地之墓新始積土遇甚雨而崩庾蔚云防守其墓備擬其崩若如庾之言墓實不崩鄭何以言修之而來孔子何以言古不修墓違經背注妄說異同非也○孔子泫然流涕○自傷修墓違古致令今崩弟子重脩故流涕也

○孔子哭子路於中庭寢中庭也與哭師同親之有人弔者而夫子拜之爲之主也既哭進使者而問故使者自衛來赴者故謂死之意狀○使邑吏反下及注同使者曰醢之矣時衛世子蒯聵篡輒而立子路死之醢之者示欲啗食以怖衆○醢音海蒯苦怪反聵五怪反蒯聵衛靈公之太子出公輒之父莊公也篡輒初患反輒出公名也啗本又作啖待敢反怖普故反遂命覆醢覆棄之不忍食○覆芳服

反注疏孔子至覆醢○正義曰此一節論師資之恩兼明同子路死之意狀○注寢中至親之○正義曰下文云師吾哭諸寢今哭子路於中庭故云與哭師同親之若其不親當哭於寢門外與朋友同故下云朋友哭諸寢門外案奔喪云師哭於廟門外者謂周禮也下文據殷法也○注故謂死之意狀○正義曰案哀十五年左傳云孔子聞衛亂曰柴也其來由也其死矣則是預知所以進使者問故者以子路忠而好勇必知其死難但不知其死之委曲更問之也○注時衛至怖衆○正義曰案哀十五年左傳云蒯聵潛入孔悝之家與伯姬迫孔悝於廁强盟之遂劫以登臺子路入逐之至臺下且曰大子無勇若燔臺半必舍孔叔大子聞之懼下石乞盂黶敵子路以戈擊之斷纓子路曰君子死冠不免○注云不使冠在地遂結纓而死○

曾子曰朋友之墓有宿草而不哭焉宿草謂陳根也爲師心喪三年於朋友期可○期音朞

疏曾子至哭焉○正義曰曾子孔子弟子姓曾名參字子輿魯人也宿草陳根也草經一年陳根陳也朋友相爲哭一期草根陳乃不哭也所以然者朋友雖無親而有同道之恩言朋友期而猶哭者非謂在家立哭位以終期年張敷云謂於一成之內如聞朋友之喪或經過朋友

之墓及事故須哭如此則哭焉若。期之外則不哭也。○子思曰喪三日而殯凡附於身者必誠必信勿之有悔焉耳矣三月而葬凡附於棺者必誠必信勿之有悔焉耳矣言其日月欲以盡心脩備之附於身謂衣衾附於棺謂明器之屬。衾音欽喪三年以爲極亡去已久遠而除其喪。以爲極亡並如字極已也徐紀力反王以極字絕句亡作忘向下讀孫依鄭作亡而如王分句則弗之忘矣則之言曾故君子有終身之憂念其親而無一朝之患毀不滅性故忌日不樂謂死日言忌日不用舉吉事○樂如字又音洛〔疏〕子思至不樂○正義曰此一節論喪之初死及葬送終之具須盡孝子之情及思念父母不忘之事今各隨文解之三日而殯者據大夫士禮故云三日也○凡附於身者謂衣衾也夫祀必求仁者之粟故送終之物悉用誠信必令合禮不使少有非法後追悔咎焉耳矣者助句之辭○三月而葬凡附於棺者必誠必信勿之有悔焉耳矣者三月而葬亦大夫士禮也附謂明器之屬亦當必誠信不追悔也○注言其至之屬○正義曰此言其日月欲以盡心修備之鄭意但言凡附身附棺自足又更云三日三月言棺中物少者三日之期家計可使量度則必中棺外物多三月之賒思忖必就故言日月欲見宜慎也云謂明器之屬者案既夕禮除明器之外有用器弓矢耒耜兩敦兩杅盤匜燕樂器甲冑干笮杖笠翣等故云之屬也○喪三年以爲極亡○此亦子思語辭也言服親之喪以經三年以爲極亡可以弃忘而孝子有終身之痛曾不暫忘於心也注云則之言曾故君子有終竟已身恒慘念親此則是不忘之事雖終身念親而不得有一朝之間有滅性禍患恐其常毀故唯忌日不爲樂事他日則可防其滅性故也所以不滅性者父母生已欲其存寧若滅性傷親之志又身已絕滅無可祭祀故也○注謂死至吉事○正義曰下篇子卯爲人君忌日恐此忌日亦爲子卯故云謂死日也言忌者以其親亡忌難吉事不舉之○

孔子少孤不知其墓孔子之父郰叔梁紇與顏氏之女徵在野合而生孔子徵在恥焉不告○郰側留反又作鄹紇恨發反徐胡切反又胡沒反○**殯於五父之衢**欲有所就而問之孔子亦爲隱焉殯於家

則知之者無由怪已欲發問端五父衢名蓋郰曼父之鄰○父音甫注及下同衢求于反爲如字又于僞反曼音萬人之見之者皆以爲葬也見柩行於路○其慎也蓋殯也慎當爲引禮家讀然聲之誤也殯引飾棺以輤葬引飾棺以柳翣孔子是時以殯引不以葬引時人見者謂不知禮○慎依注作引羊刃反輤七見反翣所甲反○問於郰曼父之母然後得合葬於防曼父之母與徵在爲鄰相善○鄰有喪舂不相里有殯不巷歌皆所以助哀也相謂以音聲相勸○相息亮反注同喪冠不緌去飾○緌本又作綏同耳佳反去起呂反

【疏】孔子至於防○正義曰此一節論孔子訪父墓之事云孔子既少孤失父其母不告父墓之處今母既死欲將合葬不知父墓所在意欲問人故若殯母於家則禮之常事他人無由怪已故殯於五父之衢欲使他人怪而致問於已外人見柩行路皆以爲葬但葬引柩之時飾棺以柳翣其殯引之禮飾棺以輤當夫子飾其所引之棺以輤故云其引也蓋殯也殯不應在外故稱蓋爲不定之辭於時郰曼父之母素與孔子母相善見孔子殯母於外怪

問孔子孔子因其所怪遂問郰曼父之母始知父墓所在然後得以父母尸柩合葬於防○注孔子至不告○正義曰按史記孔子世家云叔梁紇與顏氏女野合而生孔子鄭用世家之文故注言野合不備於禮也若論語云先進於禮樂野人也及野哉由也非謂草野而合也但徵在恥其與夫不備禮爲妻見孔子知禮故不告言不知其墓者謂不委曲適知柩之所在不是全不知墓之去處其或出辭入告摠望本處而拜今將欲合葬須正知處所故云不知其墓今古不知墓處於事大有而講者諠諠競爲異說恐非經記之旨案家語云叔梁紇年餘七十無妻顏父有三女顏父謂其三女曰鄒大夫身長七尺武力絶倫年餘七十誰能與之爲妻二女莫對徵在進曰從父所制將何問焉父曰即爾能矣遂以妻之爲妻而生孔子三歲而叔梁紇卒王肅據家語之文以爲禮記之妄又論語緯撰考云叔梁紇與徵在禱尼丘山感黑龍之精以生仲尼今鄭云叔梁紇與顏氏之女徵在野合於家語文義亦無殊何者七十之男始取徵在灼然不能備禮亦名野合又徵在幼少之女而嫁七十之夫是以羞慙不能告子又叔梁紇生子三歲而後卒是孔子少孤又與撰考之文禱尼丘山而生孔子於野合之說亦義理無妨鄭與家語史記並悉符同王肅妄生疑難於義非也○注愼當至知禮○

正義曰挽柩爲引無名愼者以愼引聲相近故云愼當爲引云禮家讀然者然猶如是也言禮家讀如是引字故大司徒云大喪屬其六引是讀引也云殯引飾棺以輴者案雜記云諸侯行而死於道其輴有裧緇布裳帷輴爲赤色大夫布裳帷士葦席以爲屋蒲席以爲裳帷大夫以下雖無輴取諸侯輴同名故飾棺以輴云引葬飾棺以柳翣者案喪大記云君龍帷黼荒黼翣二黻翣二畫翣二大夫畫帷畫荒黻翣二畫翣二士布帷布荒畫翣二在上曰荒在旁曰帷揔謂之柳故云飾棺以柳翣○

有虞氏瓦棺始不用薪也有虞氏上陶○陶大刀反○夏后氏堲周火熟曰堲燒土冶以周於棺也或謂之土周由是也弟子職曰右手折堲○即周本又作堲同子栗反又音稷注下同何云冶土爲甎四周於棺燒叔招反折之設反管子云左手執燭右手折即即燭頭燼也弟子職其篇名○殷人棺椁椁大也以木爲之言椁大於棺也殷人上梓○棺音官椁音郭梓音子○周人牆置翣牆柳衣也凡此言後王之制文○牆在良反○周人以殷人之棺椁葬長殤以夏后氏之堲周葬中殤下殤以

有虞氏之瓦棺葬無服之殤略未成人○長殤丁丈反下式羊反十六至十九爲長殤十二至十五爲中殤八歲至十一爲下殤七歲已下爲無服之殤生未三月不爲殤

【疏】有虞至之殤○正義曰此一節論棺椁所起及用棺椁之事各隨文解之○注始不至上陶○正義曰案易下繫辭云古之葬者厚衣之以薪葬之中野不封不樹喪期無數後世聖人易之以棺椁蓋取諸大過大過者巽下兌上之卦初六在巽體巽爲木上六位在巳巳當巽位巽又爲木二木在外以夾四陽四陽互體爲二乾乾爲君爲父二木夾君父是棺椁之象今虞氏既造瓦棺故云始不用薪然虞氏瓦棺則未有椁也繫辭何以云後世聖人易之以棺椁連言椁者以後世聖人其文開廣遠探殷周而言喪期有虞氏則然故尚書云三載四海遏密八音云有虞氏上陶者案考工記陶人造瓦器故引之證瓦棺○注火熟至折堲○正義曰火熟者以弟子職云折燭之炎燼名之曰堲故知堲是火熟者云燒土冶以周於棺也者謂鑿土爲陶冶之形大小得容棺故云燒土冶以周於棺也云或謂之土周由是也者曾子問云下殤土周葬於園云由是者燒土周棺得與作土周引弟子職者證火熟曰堲之意案管子書有弟子職篇云左手秉燭右手正堲鄭云折

塈者即是正除之義○注椁大至上梓○正義曰椁聲與寬廓相近故云大於棺也殷人上梓亦考工記文引之以證椁也考工記又云夏后氏上匠於塈周不引之者以匠無所不爲非獨塈周而已故不引也考工記又云周人上輿輿非牆之事故於周人牆置翣亦不引之也○注牆柳至制文○正義曰案喪大記注云在旁曰帷在上曰荒帷荒所以衣柳則以帷荒之內木材爲柳其實帷荒及木材等揔名曰柳故縫人云衣翣柳之材注云柳之言聚諸飾之所聚是帷荒揔稱柳也云凡此言後王之制文者凡謂虞夏殷周有虞氏唯有瓦棺夏后氏瓦棺之外加塈周殷則梓棺替瓦棺又有木爲椁替塈周周人棺椁又更於椁傍置柳置翣扇是後王之制以漸加文也夏言后者白虎通云以揖讓受於君故稱后殷周稱人者以行仁義人所歸往故稱人夏對殷周稱人故言后見受之於君虞則不對殷周自五帝之內雖受於君不須稱后也

○夏后氏尚黑以建寅之月爲正物生色黑○正音征下同又如字大事斂用昏昏時亦黑此大事謂喪事也○斂力驗反下皆同戎事乘驪戎兵也馬黑色曰驪爾雅曰騋牝驪牡玄○驪力知反徐郎志反純黑色馬騋音來馬七尺已上爲騋牲用玄玄黑類也

殷人尚白以建丑之月爲正物牙色白大事斂用日中日中時亦白戎事乘翰翰白色馬也易曰白馬翰如○翰字又作鶾胡旦反又音寒牲用白周人尚赤以建子之月爲正物萌色赤○萌亡耕反大事斂用日出日出時亦赤戎事乘騵騵駵馬白腹○騵音原駵力求反赤馬黑鬣尾牲用騂騂赤類○騂息營反徐呼營反純赤色也一云赤黃色【疏】夏后至用騂○正義曰此一節論三代正朔所尚色不同各依文解之○夏尚黑殷尚白周尚赤此之謂三統故書傳略說云天有三統物有三變故正色有三天有三生三死故土有三王王特一生一死又春秋緯元命苞及樂緯稽耀嘉云夏以十三月爲正息卦受泰注云物之始其色尚黑以寅爲朔殷以十二月爲正息卦受臨注云物之牙其色尚白以雞鳴爲朔周以十一月爲正息卦受復其色尚赤以夜半爲朔又三正記云正朔三而改文質再而復以此推之自夏以上皆正朔三而改也鄭注尚書三帛高陽氏之後用赤繒高辛氏之後用黑繒其餘諸侯用白繒如鄭此意卻而推之舜以十一月爲正尚赤堯以十二月爲正尚白故曰其餘諸侯用白繒高辛氏以

十二月爲正尚黑故云高辛氏之後用黑繒高陽氏以十一月爲正尚赤故云高陽氏之後用赤繒帝少皞以十二月爲正尚白黃帝以十三月爲正尚黑神農以十一月爲正尚赤女媧以十二月爲正尚白伏犧以上未有聞焉易說卦云帝出乎震則伏義也建寅之月又木之始其三正當從伏義以下文質再而復者文質法天地文法天質法地周文法地而爲天正殷質法天而爲地正者正朔文質不相須正朔以三而改文質以二而復各自爲義不相須也建子之月爲正者謂之天統以天之陽氣始生爲下物得陽氣微稍動變故爲天統建丑之月爲地統者以其物已吐牙不爲天氣始動物又未出不得爲人所施功唯在地中含養萌牙故爲地統建寅之月爲人統者以其物出於地人功當須修理故謂之人統統者本也謂天地人之本也然王者必以此三月爲正者以其此月物生微細又是歲之始生王者繼天理物含養微細又取其歲初爲正朔之始既天地人之三者所繼不同故各改正朔不相襲也所尚既異符命亦隨所尚而來故禮緯稽命徵云其天命以黑故夏有玄珪天命以赤故周有赤雀銜書天命以白故殷有白狼銜鉤是天之所命亦各隨人所尚符命雖逐所尚不必皆然故天命禹觀河見白面長人洛予命云湯觀於洛沈璧而黑龜與之書黃魚雙躍泰誓言武

王伐紂而白魚入於王舟是符命不皆逐正色也鄭康成之義自古以來皆改正朔若孔安國則改正朔殷周二代故注尚書湯承堯舜禪代之後革命創制改正易服是從湯始改正朔也○注昏時至事也○正義曰知大事是喪事者以其與斂文連故知大事是喪事也○注爾雅曰騋牝驪牡玄○正義曰引爾雅釋畜文騋牝驪牡玄謂七尺曰騋牝者色驪牡者色玄引之者證驪是玄之類也案廋人云八尺以上爲龍七尺以上爲騋六尺以上爲馬凡馬皆有驪牡玄獨言騋者舉中以見上下明其諸馬皆然或爾雅釋詩云騋牝郭璞注玄駒小馬稍異鄭也○注玄黑類也○正義曰案周禮考工記七入爲緇鄭云玄則六入者與是玄黑類○注翰白至翰如○正義曰所引易者易賁卦六四賁如皤如白馬翰如賁離下艮上鄭注云六四巽爻也有應於初九欲自飾以適初既進退未定故皤如也白馬翰如謂九三位在辰得巽氣爲白馬翰猶幹也見六四適初未定欲幹而有之引此者證翰爲白色案彼以幹爲翰者以翰如白馬連文故以翰爲幹望經爲義以此不同○注物萌色赤○正義曰案上殷尚白之下注云物牙色白此萌色赤不同者萌是牙之微細故建子云萌建丑云牙若散而言之萌即牙也故書傳略說云周以至動殷以萌夏以牙此皆據一種之草大汎而言故建子

始動建寅乃出至如蕣麥以秋而生月令仲冬荔挺出不在此例也此文質雖異殷質周文大汎言之乃前代質後代文也故表記云虞夏之質殷周之文是也○注驪駵馬白腹○正義曰爾雅釋畜文武王伐紂所乘也故詩云駟騵彭彭毛傳云上周下殷故周人戎事乘之若其餘事則明堂位云周人黃馬蕃鬣是也○穆公之母卒穆公魯哀公之曾孫使人問於曾子曰如之何問居喪之禮曾子曾參之子名申○參所金反一音七南反後同○對曰申也聞諸申之父曰哭泣之哀齊斬之情饘粥之食自天子達子喪父母尊卑同○齊音咨本亦作齋齋齊衰之字後皆放此饘本又作飦之然反說文云糜也周謂之饘宋衛謂之餰粥之六反徐又音育字林云淖糜也○布幕衛也縿幕魯也幕所以覆棺上也縿縑也縿讀如綃衛諸侯禮魯天子禮兩言之者僭已久矣幕或爲幦○幕本又作冪音莫徐音覓下同縿音綃徐又音蕭縑古謙反綃音消徐本又作綃桑堯反僭子念反幦莫歷反○疏穆公至魯也○正義曰此一節論尊卑之喪有同有異之事各依文

解之○注穆公至曾孫○正義曰案世本傳記哀公蔣生悼公寧寧生元公嘉嘉生穆公不衍是曾孫也○曰哭至子達者曾申對穆公使人云哭泣之哀謂有聲之哭無聲之泣並爲哀然故曰哭泣之哀也齊斬之情者齊是爲母斬是爲父父母情同故荅云之情也饘粥之食者厚曰饘希曰粥朝夕食米一溢孝子以此爲食故曰食也自天子達者父母之喪貴賤不殊哭泣以下自天子至庶人如一故云自天子達○布幕衛也縿幕魯也者元言齊斬饘粥同又言覆棺之幕天子諸侯各別以布爲幕者衛是諸侯之禮以縿爲幕者魯是天子之制幕者謂覆殯棺者也下文云加斧於椁上鄭云以刺繡於縿幕加椁以覆棺已乃屋其上盡塗之如鄭此言繡幕加斧文塗之内以覆棺椁也周公一人得用天子禮而後代借用之故曾申舉衛與魯俱是諸侯則後代不宜異謂魯之諸公不宜與衛異也崔靈恩云當時諸侯僭効天子也恐魯穆公不能辨故兩言以明顯魯與諸侯之別也今案崔言雖異而是曾申爲穆公說則同也然周禮幕人掌帷幕幄帟注云在傍曰帷在上曰幕幕或在地展陳於上帷幕皆以布爲之四合象宫室曰幄王所居之帳也帟小幕幕若幄中坐上承塵也幄帟皆以繒爲之而今云天子用綃幕者崔靈恩云周禮所陳祇謂幄帟之帷幕不論襯棺自用縿也天子別

加斧于椁上畢塗屋此所陳衹謂襯棺幕在於畢塗之內者也若其塗上之帟則大夫以上有之故掌次云凡喪王則張帟三重諸侯再重孤卿大夫不重下云君於士有賜帟然士無覆棺之幕下云子張之喪褚幕丹質者彼謂將葬啓殯以覆棺故鄭注彼云葬覆棺别也○

晉獻公將殺其世子申生信驪姬之譖○孋本又作麗亦作驪同力知反公子重耳謂之曰子蓋言子之志於公乎蓋皆當爲盍盍何不也志意也重耳欲使言見譖之意重耳申生異母弟後立爲文公○重直龍反注皆同子蓋依注音盍戶臘反下同世子曰不可君安驪姬是我傷公之心也言其意則驪姬必誅也驪姬獻公伐驪戎所獲女也申生之母蚤卒驪姬嬖焉○蚤音早嬖必計反曰然則蓋行乎行猶去也世子曰不可君謂我欲弑君也天下豈有無父之國哉吾何行如之言人有父則皆惡欲弑父者○弑本又作煞音試注同徐云字又作嗣音同惡烏路反○使

人辭於狐突曰申生有罪不念伯氏之言也以至于死申生不敢愛其死辭猶告也狐突申生之傅舅犯之父也前此者獻公使申生伐東山皋落氏狐突謂申生欲使之行今言此者謝之伯氏狐突別氏○突徒忽反傅音富咎其九反皋古刀反雖然吾君老矣子少國家多難子驪姬之子奚齊○少詩召反難乃旦反伯氏不出而圖吾君圖猶謀也不出爲君謀國家之政然則自皋落氏反後狐突懼乃稱疾○爲于僞反下爲時同伯氏苟出而圖吾君申生受賜而死則猶惠也再拜稽首乃卒既告狐突乃雉經○雉經如字徐古定反如雉之自經也是以爲恭世子也言行如此可以爲恭於孝則未之有○共音恭本亦作恭注同行下孟反

【疏】晉獻至子也○正義曰此一節論獻公殺申生之事各依文解之○注信驪姬之譖正義曰案僖四年左傳云姬謂大子曰君夢齊姜必速祭之大子祭於曲沃歸胙於公公獵姬寘諸宮六日毒而獻之公

祭之地地墳與犬犬斃與小臣小臣亦斃姬泣曰賊由大子
又晉語云姬寘鴆於酒寘堇於肉堇謂烏頭是驪姬譖申生
之事也○注蓋皆至文公○正義曰此云蓋言子志及下蓋
行乎以蓋非一故云皆當爲盡言重耳欲使言見譖之意者
重耳欲使申生言見驪姬所譖之意左傳云或謂太子曰子
辭君必辨焉杜預云以六日之狀自理謂毒酒經宿輒敗若
申生初則置罪經六日其酒必壞何以經六日其酒尚好明
臨至加藥焉云重耳申生異母弟者案莊二十八年左傳云
晉獻公烝於齊姜生太子申生大戎狐姬生公子重耳是異
母弟也○注言其至變焉○正義曰案僖四年左傳云太子
曰君非姬氏居不安食不飽君老矣吾又不樂謂我若自理
驪姬必誅姬死之後公無復歡樂故此云是我傷公之心云
驪姬獻公伐驪戎所獲女也者莊二十八年左傳云初晉獻
公滅驪戎驪戎男女以驪姬驪姬嬖生奚齊其娣生卓子是
驪姬嬖也云申生之母蚤卒者以左傳云姬命大子祭齊姜
是蚤死也○使人至而死○時狐突謝病在晉都大子出奔
曲沃於是狐突欲令大子出奔大子不用其言故今臨死使
人辭謝言於狐突曰申生有愚短之罪不念伯氏之言出奔
避禍今日被譖以至於死申生不敢愛惜其身命之死言死
不受命雖然不惜身命猶有所憂吾君已老子又幼少又國

家多有危難伯氏又謝病不出圖吾君之事吾以爲憂伯氏誠能出外而圖謀吾君國家之事申生受伯氏恩賜甘心以死○注前此至別氏○正義曰案左傳閔二年獻公使申生伐東山皐落氏狐突欲令申生行云雖欲勉之狄可盡乎下又云狐突欲行是狐突欲使行之事言前此者此謂僖四年申生將死之時前謂閔二年伐皐落氏之時在前五年故云前皐落氏在晉都之東居在山内皐落氏杜預云是赤狄別種故云東山皐落氏云伯氏狐突別氏者旣言辭狐突又云伯氏故云狐突別氏狐是摠氏伯仲者是兄弟之字字伯者謂之伯氏字仲者謂之仲氏故傳云叔氏其忘諸乎又下云叔氏專以禮許人是一人身字則別爲氏也○注圖猶至稱疾○正義曰圖謀釋詁文自皐落氏反後狐突懼乃稱疾者以經云伯氏不出而圖吾君故知稱疾必有所因反自皐落去此不遠知自皐落反而稱疾也○注旣告至雉經○正義曰雉牛鼻繩也申生以牛繩自縊而死也故鄭注封人云縼著牛鼻繩所以牽牛者也今時人謂之雉或爲雉鼻耿介被人所獲必自屈折其頭而死漢書載趙人貫高自絕亢而死申生當亦然也傳云申生縊死晉語申生使猛足辭於狐突乃雉於新成廟○注言行至之有○正義曰春秋左傳云晉侯殺其世子申生父不義也孝子不陷親於不義而申生不

能自理遂陷父有殺子之惡雖心存孝而於理終非故不曰孝但謚爲恭以其順於父事而已謚法曰敬順事上曰恭○

○魯人有朝祥而莫歌者子路笑之笑其爲樂速○莫音暮樂音洛又音岳○夫子曰由爾責於人終無已夫三年之喪亦已久矣夫爲時如此人行三年喪者希抑子路以善彼○已夫音扶絕句本或作已矣夫子路出夫子曰又多乎哉踰月則其善也又復也○復扶又反

〔疏〕魯人至善也○正義曰此一節論大祥除衰杖之日不得即歌之事今各依文解之○魯人有朝祥莫歌者魯人不辨其姓名祥謂二十五月大祥歌哭不同日故仲由笑之也故鄭注笑其爲樂速然祥日得鼓素琴○夫子至善也○夫子抑子路呼其名云由若人治喪不備三年各有可責今此人既滿三年爾尚責之女罪於人終無休已之時夫是助語也三年之喪計其日月已過亦已久矣人皆廢此獨能行其人既美何須笑之時孔子抑子路善彼人既不當實禮恐學者致惑待子路出後更以正禮言之夫子曰魯人可歌之時節豈有多經日月哉但踰越後月

即其善言歌合於禮案喪服四制祥之日鼓素琴不譏彈琴而譏歌者下注云琴以手笙歌以氣手在外而遠氣在內而近也○魯莊公及宋人戰于乘丘十年夏○乘繩證反夏戶嫁反縣賁父御卜國爲右縣卜皆氏也凡車右勇力者爲之○縣音玄卷內皆同賁父上音奔下音甫人名字皆同馬驚敗績驚奔失列○馬驚敗一本無驚字公隊佐車授綏戎車之貳曰佐授綏乘公○隊宜類反綏息佳反公曰末之卜也末之猶微哉言卜國無勇縣賁父曰他日不敗績而今敗績是無勇也公他日戰其御馬未嘗驚奔遂死之二人赴敵而死圉人浴馬有流矢在白肉圉人掌養馬者白肉股裏肉○圉魚呂反股裏上音古下音里公曰非其罪也流矢中馬非御與右之罪○中丁仲反遂誄之誄其赴敵之功以爲謚○誄力軌反謚也士之有誄自此始也記禮失所由來也周雖以士爲爵猶無謚也殷大夫以上

爲爵○上時掌反【疏】魯莊至始也○正義曰此一節論魯莊公與士爲謚失禮之事各依文解之○戰於乘丘者乘丘魯地莊公十年夏六月齊師宋師次于郎公子偃曰宋師不整可敗也宋敗齊必還請擊之大敗宋師于乘丘齊師乃還○注縣卜皆氏也○正義曰知縣卜皆氏者此有縣賁父下有縣子瑣七十二弟子傳有卜商故知皆氏也○注戎車之貳曰佐○正義曰案周禮戎僕掌倅車之政道僕掌貳車之政田僕掌佐車之政則戎車之貳曰倅此云佐者周禮相對爲文有異若散而言之則田獵兵戎俱是武事故同稱佐車少儀注戎獵之副曰佐是也熊氏以爲此皆諸侯法公曰末之卜也者末微也之哉也言微哉弱哉此卜國也以其微弱無勇致使我馬敗績○注二人赴敵而死○正義曰知二人者以卜國被責縣賁父職掌馬事自稱無勇既序兩人於上即陳遂死於下明兩人俱死也○注圉人至裏肉○正義曰圉人掌養馬者案昭七年左傳云牛有牧馬有圉是圉人掌馬也云白肉股裏肉者以股裏白故謂之白肉非謂肉色白也○注周雖至爲爵○正義曰知周以士爲爵者案掌客云凡介行人宰史皆有飧饔餼以其爵等爲之牢禮之數陳○凡介行人皆爲士而云爵等是士有爵也故鄭注大行人云命者五公侯伯子男爵者四孤卿大夫士云猶無謚也者

以此云士之有誄自此始故知周士無謚也云殷大夫以上爲爵者案士冠禮云古者生無爵死無謚於士冠之下而爲此記又不云諸侯大夫明生無爵死無謚據士也士冠禮是周禮而云古者故知是殷以上○曾子寢

疾病病謂疾困樂正子春坐於牀下子春曾參弟子曾元曾

申坐於足元申曾參之子童子隅坐而執燭隅坐不與成人並○成人並音並絶句童子曰華而睆大夫之簀與華畫也簀謂牀第也說者以睆爲刮節目字或爲刮○睆華板反明貌孫炎云睆漆也徐又音刮簀音責與音餘下同畫衡賣反牀第上音床下側吏反刮古滑反子春曰止以病困不可動曾子聞之瞿然曰呼呼虛憊之聲○瞿紀具反下同曰吁音虛注同吹氣聲也一音況于反憊皮拜反羸困也曰華而睆

大夫之簀與曾子曰然斯季孫之賜也我未之能易也元起易簀未之能易已病故也曾元曰夫子之

病革矣不可以變幸而至於旦請敬易之言夫子者曾子親沒之後齊嘗聘以爲卿而不爲也革急也變動也幸覬也○革紀力反并又音極注同請七領反覬音冀曾子曰爾之愛我也不如彼彼童子也君子之愛人也以德成已之德細人之愛人也以姑息息猶安也言苟容取安也吾何求哉吾得正而斃焉斯已矣斃仆也○斃音弊仆蒲北反又音赴舉扶而易之反席未安而沒言病雖困猶勤於禮○沒音殁

〔疏〕曾子至而沒○正義曰此一節論曾子臨死守禮不變之事各依文解之○注華畫至爲刮○正義曰凡繪畫五色必有光華故云華畫也云簀謂牀第者爾雅釋器云簀謂之第云說者以睆爲刮節目者說者謂在鄭之前解說禮者說此睆爲刮削木之節目使其睆睆然好故詩云睍睆黃鳥傳云睍睆好貌是也云字或爲刮者謂禮記之本有以睆字爲刮云華而刮者故云字或爲刮○注未之能易已病故也○正義曰言此未病之時猶得寢臥既病之後當須改

正以已今病氣力虛弱故時復一時未能改易聞童子之言乃便驚駭。注曾子至覬也。正義曰知齊嘗聘以爲卿者韓詩外傳云曾子仕於莒得粟三秉方是之時曾子重其身而輕其祿親没之後齊迎以相楚迎以令尹晉迎以上卿方是之時曾子重其身而輕其祿既言輕其祿是不爲也但齊以相楚以令尹晉以上卿而鄭言齊嘗聘爲卿者以三國文連含帶爲注耳且相即是上卿革急也釋言文。曾子至已矣。曾參謂曾元曰爾之愛我也不如彼童子何者君子之愛人也必以善事成己之德則童子是也細小之人愛人也不顧道理且相寧息即汝是也吾今更何求焉唯求正道易換其簀而即仆焉斯已矣者斯此也已猶了也此則正一世事了不陷於惡故君子愼終如始禮云男子不死於婦人之手婦人不死於男子之手故春秋魯僖公薨于小寢譏即安也成公薨于路寢傳曰言道也他人名已得呼爲大夫之稱而言夫子若已不爲大夫則已所爲當須依禮不得寢大夫之牀也

○始死充充如有窮既殯瞿瞿如有求而弗得既葬皇皇如有望而弗至練而慨然祥而廓然皆憂悼在心之貌也求猶索物。慨

苦愛反廓苦郭反何云開也索所白反【疏】始死至廓然。正義曰此記人因前有死事遂廣說孝子形節也事盡理屈爲窮言親始死孝子匍匐而哭之心形充屈如急行道極無所復去窮急之容也。既殯瞿瞿如有求而弗得者殯斂後心形稍緩也瞿瞿眼目速瞻之貌求猶覓也貌恒瞿瞿如有所失而求覓之不得然也既葬皇皇如有望而弗至者又漸緩也皇皇猶栖栖也至葬後親歸草土孝子心形栖栖皇皇無所依託如有望彼人來而彼人不至也。練而慨然者轉緩也至小祥但歎慨日月若馳之速也。祥而廓然者至大祥而寥廓情意不樂而已○

邾婁復之以矢蓋自戰於升陘始也

戰於升陘魯僖二十二年秋也時師雖勝死傷亦甚無衣可以招魂。邾音誅婁力俱反或如字邾人呼邾聲曰婁故曰邾婁公羊傳與此記同左氏穀梁但作邾陘音形僖許宜反

魯婦人之髽而弔也自敗於臺鮐始也

敗於臺鮐魯襄四年秋也臺當爲壺字之誤也春秋傳作狐鮐時家家有喪髽而相弔去纚而紒曰髽禮婦人弔服大夫之妻錫衰士之妻則疑衰與皆吉笄無首素總。髽側瓜反臺鮐上音胡下音臺去羌呂反纚所買反又所綺

反黒繒韜紒音計錫衰上悉歷反下七雷反與音餘笄音雞總音摠〔疏〕邾婁至始也。正義曰此一節論二國失禮之事。注戰於至招寃。正義曰魯僖公二十二年春伐邾取須句秋八月及邾人戰于升陘左傳云邾人以須句故出師公卑邾不設備而禦之臧文仲曰國無少。不可易也無備雖衆不可恃也先王之明德無不懼也況我小國乎君其無謂邾小。蜂蠆有毒而況國乎不聽公及邾師戰于升陘是也。注時師雖勝死傷亦甚者則傳云我師敗績邾人獲公冑縣諸魚門是也鄭云此者解復之以矢之意以其死傷者多無衣可以招寃故用矢招之也必用矢者時邾人志在勝敵矢是心之所好故用所好招寃冀其復反然招寃唯據死者而鄭兼云傷者以其雖勝故連言死傷以浹句耳若因兵而死身首斷絕不生者應無復法若身首不殊因傷致死復有可生之理者則用矢招寃左氏直言邾公羊云邾婁者何休云夷言婁聲相近也。注敗於至素總。正義曰案左傳魯襄公四年冬十月邾人伐鄫臧紇救鄫侵邾敗於狐駘魯人怨而歌之魯襄四年冬也此云秋鄭舉其初也云臺當爲壺字之誤也春秋傳作狐鮐。左傳云臧之狐裘敗我於狐鮐我君小子朱。儒是使侏儒侏儒使我敗於邾臧紇武仲也言狐裘武仲所服也是時襄公年七歲微弱故云我君小子也侏儒短人也臧武仲短小故云侏儒云去纚而紒曰髽者案士冠禮纚廣終幅長六尺所以縚髮今以凶事故去之但露紒而已云禮婦人弔服大夫之妻錫衰者喪服傳云大夫弔於命婦錫衰命婦弔於大夫亦錫衰是大夫之妻弔服錫衰也云士之妻則疑衰與者以士妻弔服之○文故云疑衰與必以疑衰者案周禮司服有錫衰緦衰疑衰錫衰爲上緦衰次之疑衰爲下案喪服大夫弔服錫衰喪服小記云諸侯弔必皮弁錫衰則君弔大夫大夫相弔皆錫衰其服同也錫衰之下但有緦衰疑衰天子弔諸侯皆以緦衰弔大夫士以疑衰若諸侯弔大夫以錫衰弔同姓之士緦衰弔異姓之士疑衰故鄭注文王世子云同姓士緦衰異姓士疑衰以其士自相弔如一皆疑衰故鄭注司服云舊說士弔服素委貌冠朝服此士不以緦衰爲弔服者以緦衰是士弔○喪服不以弔也故注喪服云士以緦衰爲喪服其弔服則疑衰也改其裳以素辟諸侯近庶人弔服而衣猶非也疑衰變其裳以素耳以此言之是士弔服疑衰素裳也故以爲士妻弔服疑衰必知弔服夫妻同者以喪服大夫命婦俱以錫衰弔故也云皆吉笄無首素總者大戴禮文也

○南宮縚之妻之姑之喪南宮縚孟僖子之子南宮閱也字子容其妻孔子兄女○縚吐刀反閱音悅○

夫子誨之髽曰爾毋從從爾爾毋扈扈爾誨教爾女也從從謂大高扈扈謂大廣爾語助○毋音無後同從音摠高也一音崇又仕江反扈音戶廣也大也女音汝大音泰一音勑佐反下大廣已猶大夫重同葢榛以爲笄長尺而總八寸總束髮垂爲飾齊衰之總八寸○榛側巾反木名又士鄰反長直亮反凡度長短曰長皆同此音

【疏】南宮至八寸○正義曰此一節論婦人爲舅姑服髽與笄總之法○南宮縚之妻之姑之喪者之並是語辭也南宮縚妻姑喪謂夫之毋也以是夫子兄之女故夫子誨之作髽法○曰爾毋從從爾爾毋扈扈爾者上爾爲女下爾語辭辭言期之髽稍輕自有常法女造髽時無得從從而大高又無得扈扈而大廣既教以作髽又教以笄總之法其笄用木無定故教之云葢用榛木爲笄其長尺而束髮垂餘之總垂八寸○注南宮至兄女○正義曰知孟僖子之子南宮閱者案左氏昭七年傳云孟僖子將卒召其大夫云屬說與何忌於夫子以事仲尼以南宮爲氏故世本云仲孫貜生南宮縚是也云字子容其妻孔子兄女者論語云以其兄之子妻之是也○注從從至大廣○正義曰從從是高之貌狀故楚辭招隱云山氣巃嵸

今石嵯峨則巃嵸是高也扈扈猶廣也爾雅釋山云卑而大扈郭云扈是廣貌也此云無得高廣者謂無得如斬衰高廣也○注總束至八寸○正義曰案喪服傳云總六升長六寸謂斬衰也故此齊衰長八寸也以二寸爲差也以下亦當然無文以言之喪服箭笄長一尺吉笄長尺二寸榛笄長尺斬衰齊衰笄同二尺降於吉笄二寸也但惡笄或用櫛或用榛故喪服有櫛笄故夫子稱蓋以疑之○孟獻子禫縣而不樂比御而不入可以御婦人矣尚不復寢孟獻子魯大夫仲孫蔑○禫大感反比必利反下比及同蔑迷結反夫子曰獻子加於人一等矣加猶踰也【疏】孟獻至等矣○正義曰此一節論獻子除喪作樂得禮之宜也依禮禫祭暫縣省樂而不恒作也至二十八月乃始作樂又依禮禫後吉祭乃始復寢當時人禫祭之後則恒作樂未至吉祭而復寢今孟獻子既禫暫縣省樂而不恒作比可以御婦人而不入寢雖於禮是常而特異餘人故夫子善之云獻子加於人一等矣不謂加於禮一等其祥禫之月先儒不同王肅以二十五月大祥其月爲禫二十六月作樂所以然者以下云祥而縞是月禫徙月樂又與上文魯人朝祥而莫歌孔子云踰月則其善是皆

祥之後月作樂也又問傳云三年之喪二十五月而畢又士虞禮中月而禫是祥月之中也與尚書文王中身享國謂身之中間同又文公二年冬公子遂如齊納幣是僖公之喪至此二十六月左氏云納幣禮也故王肅以二十五月禫除喪畢而鄭康成則二十五月大祥二十七月而禫二十八月而作樂復平常鄭必以爲二十七月禫者以雜記云父在爲母爲妻十三月大祥十五月禫爲母爲妻尚祥禫異月豈容三年之喪乃祥禫同月若以父在爲母屈而不伸故延禫月其爲妻當亦不申祥禫異月乎若以中月而禫爲月之中間應云月中而禫何以言中月乎案喪服小記云妾祔於妾祖姑亡則中一以上而祔又學記云中年考校皆以中爲間謂間隔一年故以中月爲間隔一月也下云祥而縞是月禫徙月樂是也謂大祥者縞冠是月禫謂是此禫月而禫二者各自爲義事不相干故論語云子於是日哭則不歌文無所繼亦云是日文公二年公子遂如齊納幣者鄭箴膏肓僖公母成風主婚得權時之禮若公羊猶譏其喪娶其魯人朝祥而莫歌及喪服四制云祥之日鼓素琴及夫子五日彈琴不成聲十日成笙歌并此獻子禫縣之屬皆據省樂忘哀非正樂也其八音之樂工人所奏必待二十八月也即此下文是月禫徙月樂是也其朝祥莫歌非正樂歌是樂之細別亦得稱樂

故鄭云笑其爲樂速也其三年問云三年之喪二十五月而畢據喪事終除衰去杖其餘哀未盡故更延兩月非喪之正也王肅難鄭云若以二十七月禫其歲末遭喪則出入四年喪服小記何以云再期之喪三年如王肅此難則爲母十五月而禫出入三年小記何以云期之喪二年明小記所云據喪之大斷也又肅以月中而禫案曲禮喪事先遠日則大祥當在下旬禫祭又在祥後何得云中月而禫又禫後何以容吉祭故鄭云二十七月也戴德喪服變除禮二十五月大祥二十七月而禫故鄭依而用焉鄭以二十八月樂作喪大記何以云禫而內無哭者樂作矣以禫後許作樂者大記所謂禫後方將作樂釋其內無哭者之意非謂即作樂大記又云禫而從御吉祭而復寢間傳何以云大祥居復寢間傳所云者去堊室復殯宮之寢大記云禫而從御謂禫後得御婦人必待吉祭然後復寢其吉祭者是禫月值四時而吉祭外而爲之其祝辭猶不稱以某妃配故士虞禮云吉祭猶未配○注孟獻子魯大夫仲孫蔑○正義曰知者案襄五年經書仲孫蔑會吳于善道傳云孟獻子會吳于善道是孟獻子爲仲孫蔑也仲稱孟者是慶父之後鄭注論語云慶父輒稱死時人爲之諱故云孟氏杜預以爲慶父是莊公長庶兄庶長故稱孟

○孔子既祥五日

彈琴而不成聲哀未忘○彈徒丹反十日而成笙歌踰月且異旬也祥亦凶事用遠日五日彈琴十日笙歌除由外也琴以手笙歌以氣○笙音生【疏】孔子至笙歌○正義曰此一節論孔子除喪作樂之限○十日而成笙歌者上云彈琴而不成聲此云十日而成笙歌之聲音曲諧和也○注五日至以氣○正義曰此者解先彈琴後笙歌之意由彈以手手是形之外故曰除由外也祥是凶事用遠日故十日得踰月若其卜遠不吉則用近日雖祥後十日亦不成笙歌以其未踰月也

○有子蓋既祥而絲屨組纓譏其早也禮既祥曰屨無絇縞冠素紕有子孔子弟子有若○屨音句組音祖絇其俱反縞古老反又古報反【疏】有子至組纓○正義曰此一節明除喪失禮之事有子孔子弟子有若也蓋是疑辭錄記之人傳聞有子既祥而絲屨未知審否意以爲實故云蓋既祥而絲屨以組爲纓也○注譏其至有若○正義曰此絲屨組纓禫後之服今既祥而著故云譏其早也云禮既祥白屨無絇戴德喪服變除禮文云縞冠素紕者玉藻文素紕當用素爲纓未用組今用素組爲纓故譏之案玉藻云云玄冠綦組纓知此非綦組纓者若其綦組爲纓則當以玄色爲冠若既祥玄冠

則失禮之甚不應直譏組纓也案士冠禮冬皮屨夏用葛無云絲屨者此絲屨以絲爲飾絇繶純之屬故士冠禮云白屨緇絇繶純纁屨黑絇繶純鄭注屨人云絇屨頭飾繶是縫中紃純緣也此有子蓋亦白屨以素絲爲繶純也

○死而不弔者三謂輕身忘孝也畏人或時以非罪攻已不能有以說之死之者孔子畏於匡厭行止危險之下○厭于甲反溺不乘橋舡○溺奴狄反

疏死而至厭溺○正義曰此一節論非理橫死不合弔哭之事○畏謂有人以非罪攻已已若不有以解說之而死者則不弔鄭玄注引論語以證之明須解說也案世家云陽虎嘗侵暴於匡時又孔子弟子顏刻爲陽虎御車後孔子亦使刻御車從匡過孔子與陽虎相似故匡人謂孔子爲陽虎因圍欲殺之孔子自說故匡又解圍也自說者謂卑辭遜禮論語注云微服而去謂身著微服潛行而去不敢與匡人鬬以媚悅之也○厭謂行止危險之下爲崩墜所厭殺也○溺謂不乘橋舡而入水死者何胤云馮河潛泳不爲弔也除此三事之外其有死不得禮亦不弔故昭二十年衛齊豹欲攻孟縶宗魯事孟縶是時齊豹欲攻孟縶宗魯許齊豹攻之不告孟縶及孟縶被殺而死宗魯亦死之孔子弟子琴張欲往弔之孔子止之曰齊豹之盜而孟縶之

賊女何弔焉杜預云言齊豹所以爲盜孟縶所以見賊皆由宗魯是失禮者亦不弔也○子路有姊之喪可以除之矣而弗除也孔子曰何弗除也子路曰吾寡兄弟而弗忍也孔子曰先王制禮行道之人皆弗忍也行道猶行仁義○弗除如字徐治慮反子路聞之遂除之

疏子路至除之○正義曰庾蔚云子路緣姊妹無主後猶可得反服推已寡兄弟亦有申其本服之理故於降制已遠而猶不除非在室之姊妹欲申服過期也是子路已事仲尼始服姊喪明姊已出嫁非在室也

附釋音禮記注疏卷第六

武寧盧氏宣旬校定

皇清嘉慶二十年南昌府學重栞宋本十三經注疏

江西南昌府學栞

禮記注疏卷六挍勘記　阮元撰盧宣旬摘錄

附釋音禮記注疏卷第六　惠棟挍宋本題禮記正義卷第八

檀弓上第三

公儀仲子之喪節

居讀爲姬姓之姬　閩監毛本同岳本嘉靖本同衛氏集說同考文引古本足利本爲作如

文之立武王權也　閩監毛本同惠棟挍宋本文下有王字宋監本岳本嘉靖本同考文引古本足利本同

公儀仲子而身今喪亡字　閩監毛本同考文引宋板無而

案賓位之法　閩本同惠棟挍宋本同監毛本法作位非衛氏集說同

事親節

故云致謂戚容稱其服也者　閩監毛本同惠棟挍宋本無故字

其由在君子之後乎　惠棟挍宋本閩監毛本由作猶與昭三年傳合

春秋辟諱皆是　閩監毛本作辟此本誤辭

云而無服者　閩本同惠棟挍宋本同監毛本而誤葬

季武子成寢節

自見夷人冢墓以爲寢欲文過之　閩監毛本同嘉靖本寢作宅惠棟挍宋本亦作宅無之字岳本同宋監本同衞氏集說亦無之字宅作寢。按疏標起訖無之字

逄於阿　閩本同惠棟挍宋本同衞氏集說同監毛本阿誤何。按晏子春秋作逄於阿

盆成逆　閩本同惠棟挍宋本同監本逆誤造毛本誤适衞氏集說同

孔子曰節

自期如殷可　閩監毛本作可岳本嘉靖本同此本可誤何

殷以慭　惠棟挍宋本同閩監毛本以作已○按以已多通用

以其質故也　惠棟挍宋本作以其此本以其二字闕閩監毛本作殷尚

不期杖以下　閩本如此此本期字闕監毛本不期杖作不杖期

稽首頭至手也　惠棟挍宋本閩本同監毛本手作地

不停留地　閩監毛本同惠棟挍宋本地作也是也

褒讀爲報拜　閩監毛本同惠棟挍宋本報字重

今時撎是也　惠棟挍宋本同閩監毛本撎作揖

晉郤至三肅使　閩監毛本同考文引宋板使下有者字

孔子既得合葬於防節

言居無常處也　閩監毛本同岳本嘉靖本同衛氏集說同宋監本無處字考文引宋板同案通典一百三引言居無常也亦無處字

爾來何遲也　岳本嘉靖本同石經遲作遟閩監毛本同注倣此通典引爾來何遲

古不脩墓　閩監本同石經同岳本同毛本脩作修嘉靖本同注倣此○按古修治字多假脩字爲之

不但在鄉　閩監毛本同惠棟挍宋本但作恆衛氏集說同

孔子哭子路於中庭節

覆弃之不忍食　岳本同閩監毛本弃作棄衛氏集說同嘉靖本同

由也其死哭　閩本同監毛本哭作矣○按作矣是也否則與哀十五年傳不合

曾子曰節

草經一年陳根陳也　閩監毛本同惠棟挍宋本上陳作則

謂於一歲之内　閩監毛本作歲此本誤成考文引宋板歲作期○按作期是也猶上云一期草根陳乃不哭也下云若一期之外乃不哭也

如聞朋友之喪　閩監毛本作聞此本誤聞

若期之外則不哭也　閩監毛本同考文引宋板若下有一字

子思曰節

悉用誠信　閩監毛本作信此本誤僧

不使少有非法　監毛本作有衛氏集說同此本有誤多閩本同

三月之賒　惠棟校宋本同閩監毛本賒誤餘

孔子少孤節　惠棟校云孔子少孤節鄰有喪節宋本合爲一節案此本亦二節合爲一節閩本以下始分

徵在恥焉 徵字上通典引有後叔梁紇亡五字疑杜佑以意增耳。

然後得以父母尸柩 閩監毛本同惠棟挍宋本然作而衛氏集說同

云引葬飾棺以柳翣者 閩監毛本同惠棟挍宋本引葬作葬引與注合

夏后氏堲周 石經同岳本嘉靖本同釋文出即周云本又作堲注下同正義本作堲

火熟曰堲 閩監毛本同衛氏集說同惠棟挍宋本熟作孰宋監本岳本同嘉靖本同。按熟乃後出之字

牆柳衣也 閩監毛本同岳本嘉靖本衛氏集說同浦鏜云案七卷飾棺牆疏則此注本無衣字

及用棺椁之事 閩監毛本事作差衛氏集說同

其文開廣 閩監毛本同惠棟挍宋本開作既

謂鑿土爲陶冶之形 閩本同監毛本鑿作堲衛氏集說同考文引宋板亦作鑿

右手正堲 閩本同惠棟挍宋本同監毛本正作折

夏后氏尚黑節

大事斂用昏　閩監本同石經同岳本嘉靖本同毛本昏作昬注倣此。按段玉裁云昏古音同文與眞臻韻有斂後之別說文字从氏省爲會意絕非從民聲爲形聲也蓋隸書淆亂乃有從民作昬者俗皆遵用之

又春秋緯元命苞　閩監毛本作包非也衞氏集說同惠棟挍宋本包作苞

高辛氏以十二月爲正尚黑　閩監毛本同浦鏜云三誤二

伏犧以上　惠棟挍宋本同閩監毛本犧作羲案此本惟此字作犧下二字皆作羲

文法天質法地　閩本同考文引宋板同監毛本作文質二字誤倒

爲下物得陽氣　閩監毛本同浦鏜從論語疏挍云百誤下是也

湯觀於洛沉璧　閩本同惠棟挍宋本亦作璧沈作沉監毛本璧誤壁。按沉又沈之俗字依說文當作湛

案廋人云　閩監毛本廋誤庾考文引宋板作廋

凡馬皆有驪牡元　閩監毛本同孫志祖云驪上疑脫一牝字

穆公之母卒節

曰哭至子達者　閩監毛本同惠棟挍宋本哭下有泣字無者字

元言齊斬饘粥同　惠棟挍宋本元作既是也閩監毛本元作先

晉獻公節

信驪姬之譖　閩監毛本作譖岳本嘉靖本同衞氏集說同此本譖誤讃下同釋文出孋姬云本又作麗亦作驪正義作驪

子蓋言子之志於公乎　閩監毛本同岳本嘉靖本同釋文出子盖云依注音盍下同石經初刻作盍後加廾作蓋下同注云蓋皆當爲盍是本作蓋

公獵姬寘諸宮 閩監毛本同惠棟挍宋本獵作田衛氏集說同。按作田與僖四年左氏傳合

若申生初則置羿 閩監毛本羿作彝衛氏集說同惠棟挍宋本彝作藥

初晉獻公滅驪戎 閩監毛本滅作伐與莊二十八年左氏傳合

於是狐突欲令大子出奔 閩監毛本同浦鏜挍云於當先字誤

故今臨死使人辭謝 閩監毛本作今此本今誤合

不念用氏之言 閩監毛本用作伯是也

今月被譖 閩監毛本月作日是也

言死不受命 閩監毛本同惠棟挍宋本受作愛

或爲雉鼻耿介 閩本同監毛本鼻作烏惠棟挍宋本鼻作性是也衛氏集說作或謂雉性耿介

乃雉於新成廟 閩監毛本同浦鏜挍作乃雉經於新成之廟云脫經之二字

以其順於父事而已。閩監毛本同考文引宋板順上有恭字衞氏集說亦作恭順於父事

魯人有朝祥節

夫是助語也　閩監毛本同惠棟挍宋本助語作語助衞氏集說同

氣在內而近也　惠棟挍宋本此下另行題禮記正義卷第八終記云凡二十七頁

魯莊公節　惠棟挍宋本自此節起至孔子蚤作節止爲第九卷首題禮記正義卷第九

公隊　閩監毛本同岳本嘉靖本同衞氏集說同釋文同石經隊作墜宋監本同考文引古本同

般大夫以上爲爵　閩監毛本作上岳本嘉靖本同此本上誤士

皆有飧饔餼　監毛本如此衞氏集說同此本飧誤食餼誤飲閩本飧亦誤食餼字剜補

爲之牢禮之數陳　閩本同監毛本數陳作陳數衞氏集說無之陳數三字

又不云諸侯大夫　閩監毛本同惠棟挍宋本無無不字

曾子寢疾病節

隅坐不與成人並 閩監毛本並作竝嘉靖本同釋文亦作竝衛氏集說並下有也字此本並下脫一○

簀謂牀笫也 諸本作笫此本誤策今改正

瞿然曰呼 閩監毛本同石經同岳本嘉靖本同衛氏集說同釋文出曰吁云音虛注同

乃便驚駭 閩監毛本同考文引宋板便作更

曾子重其郭而輕其祿 閩監毛本郭作身是也

已猶了也 閩監毛本作了此本了誤子

他人名巳 閩監毛本同惠棟挍宋本巳作已下若巳則巳同

邾婁復之以矢節

國無少　閩監毛本同惠棟挍宋本少作小與僖二十二年左氏傳合

蜂蠆有毒　惠棟挍宋本蜂作蠭與左氏傳同

春秋傳作狐駘　閩監本同毛本駘下有者字

朱儒是使　監毛本同閩本朱作侏案閩本此侏字併下侏儒字皆作侏監毛本并下皆作朱此本惟此作朱下皆作侏

以士妻弔服之文　惠棟挍宋本之作無衞氏集說同閩監毛本弔上有無字

以緦衰是士弔喪服　閩監本同毛本弔作之

南宮縚節

南宮閱也　閩監毛本同岳本嘉靖本同釋文閱音悅考文云古本閱作濶案濶非也南宮閱即下南宮敬叔反注之仲孫閱同閱字下注不作濶而此注作濶亦其滲漏處之顯然者

誨教 閩監毛本同衞氏集說同惠棟按宋本教下有也字岳本同嘉靖本同宋監本同

下爾語辭辭 補案辭字誤重

則寵從是高也 閩監毛本寵從作寵從

孟獻子禫節

僖公母成風主婚 閩本同監本主誤王

其三年問云 閩監本作閒此本誤間毛本同

其歲末遭喪 監毛本作末此本末誤未閩本同

故鄭云二十六月也 閩監毛本同惠棟按宋本六作七是也

以禫後許作樂者 閩監毛本同考文云宋板以作似續通解同

慶父輀稱死 閩監毛本同浦鏜按云稱疑經字誤

孔子既祥節

若其十遠不吉閩監本同毛本十作卜是也衛氏集説同

有子蓋既祥節

案玉藻云云閩監毛本上云作文惠棟挍宋本云字不重

死而不弔者節

不乘橋舡閩本同監毛本舡作船岳本嘉靖本同衛氏集説同疏同

鄭元注引論語以證之閩本同惠棟挍宋本同監毛本元誤云

故匡又解圍也閩本同監毛本又作人

馮河潛泳惠棟挍宋本如此此本誤馬何潛水閩本上三字不誤惟泳字仍誤氷監毛本誤水

禮記注疏卷六挍勘記

附釋音禮記注疏卷第七

檀弓上

禮記　鄭氏注　孔穎達疏

大公封於營丘比及五世皆反葬於周齊大公受封留為大師死葬於周子孫生焉不忍離也五世之後乃葬於齊齊曰營丘○大音泰注及下注大史公皆同離力智反下相離同君子曰樂樂其所自生禮不忘其本言其似禮樂之義○樂樂並音岳一讀下五教反又音洛古之人有言曰狐死正丘首仁也正丘首正首丘也仁恩也○首手又反注同

【疏】大公至仁也○正義曰此一節論忠臣不欲離其王室之事太公封於營丘者周之大師大公封於營丘及其死也反葬於鎬京陪文武之墓其大公子孫比及五世雖死於齊以大公在周其子孫皆反葬於周也言反葬者既從周嚮齊今又從齊反往歸周君子善其反葬似禮樂之意故云

先王制禮。樂者樂其所自生謂愛樂已之王業所由生以制樂名若舜愛樂其王業所由能紹堯之德即樂名大部禹愛樂其王業所謂由治水廣大中國則樂名大夏。禮不忘其本者謂先王制禮其王業根本由質而興則制禮不忘其本而尚質也若王業根本由文而興制禮尚文也是不忘其本也禮之與樂皆是重本今反葬於周亦是重本故引禮樂以美之君子既引禮樂又引古之人有遺言云狐死正丘首。而嚮丘所以正首而嚮丘者丘是狐窟穴根本之處雖狼狽而死意猶嚮此丘是有仁恩之心也今五世反葬亦仁恩之心也但樂之與禮兩文相互樂云樂其所自生則禮當云反其所自本禮云不忘其本則樂當云不忘其所生也樂云樂其所自生者初生王業因民之所樂而得天下今王者制樂自愛樂已之所由得天下樂者是王者自樂不據民之所樂也○注齊大公受封至齊曰營丘○正義曰知不留為大師者案詩大雅云維師尚父毛傳云師大師也史記齊世家云大公望呂尚者東海上人也四嶽之後佐武王伐紂為大師云死葬於周子孫是大公所生焉故不忍離其先祖非謂子孫生在於周子孫生焉者不忍離其生處必五世者五世之外則服盡也然觀經及注則太公之外為五世便是玄孫之子服盡亦反者其實反葬正四世知者案世本大公望生丁公伋伋生乙公得得生癸公慈母慈母生哀公不臣案齊世家哀公荒淫被紀侯譖之周周夷王烹哀公亦葬周也哀公是大公玄孫哀公死弟胡公靖立靖死獻公山立山死武公壽立若以相生爲五世則武公以上皆反葬於周若以爲君五世則獻公以上反葬周二者未知孰是云齊曰營丘者地理志云臨淄縣齊大公所封案釋丘云水出其前而左曰營丘以水營遶故曰營丘然周公封魯其子孫不反葬於周者以其有次子在周世守其采地則春秋周公是也故鄭康成作詩譜云元子伯禽封魯次子君陳世守采地下云延陵季子葬於嬴博之間者古禮也故舜葬蒼梧周則族葬故冢人云先王之葬居中以昭穆爲左右凡諸侯居左右以前卿大夫士居後各以其族是也

○伯魚之母死期而猶哭伯魚孔子子也名鯉猶尚也○期音基鯉音里夫子聞之曰誰與哭者門人曰鯉也夫子曰嘻其甚也嘻悲恨之聲○與音餘下餘闕也與同嘻許其反又於其反伯魚聞之遂除之

〔疏〕伯魚至除之○正義曰此一節論過哀之事○注嘻悲恨之聲○正義曰悲恨之聲者謂非責伯魚悲恨之聲也時伯魚母出父在

為出母亦應十三月祥十五月禫言期而猶哭則是祥後禫前祥外無哭于時伯魚在外哭故夫子怪之恨其甚也或曰為出母無禫期○後全不合哭

舜葬於蒼梧之野舜征有苗而死因留葬焉書說舜曰陟方乃死蒼梧於周南越之地今為郡○梧音吾陟知力反升也一

蓋三妃未之從也古者不合葬帝嚳而立四妃矣象后妃四星其一明者為正妃餘三小者為次妃帝堯因焉至舜不告而取不立正妃但三妃而已謂之三夫人離騷所歌湘夫人舜妃也夏后氏增以三三而九合十二人春秋說云天子取十二即夏制也以虞夏及周制差之則殷人又增以三九二十七合三十九人周人上法帝嚳立正妃又三二十七為八十一人以增之合百二十一人其位后也夫人也嬪也世婦也女御也五者相參以定尊卑○嚳苦毒反高辛氏帝也騷素刀反一音蕭湘差初佳反又初宜反嬪婢人反

季武子曰周公蓋祔祔謂合葬合葬自周公以來○祔音父

【疏】舜葬至蓋祔○正義曰此一節論古者不合葬之事舜葬於蒼梧之野者舜南巡守因征有苗而死以古代不合葬且天下為家故遂葬於蒼梧之野○蓋三妃未之從也者從猶就也古不合葬故舜之三妃不就蒼

梧與舜合葬也云蓋者録記之人傳云舜時如此未知審也○故云蓋未之從者記人以周公始附舜時未有此禮故云未之從也記者既論古不合葬與周不同引季武子之言云周公以來蓋始附葬附即合也言將後喪合前喪武子去周公不遠無可疑亦云蓋者意有謙退不敢指斥事雖不疑亦云蓋也故孝經夫子云蓋天子之孝也蓋諸侯之孝也非是不知謙爲疑辭○注舜征至爲郡○正義曰鄭案淮南子云舜征三苗而遂死蒼梧史記云舜踐帝位三十九年南巡守崩于蒼梧之野葬于九疑山是爲零陵案尚書竄三苗于三危在西裔今舜征有苗乃死於蒼梧者張逸荅焦氏問云初竄西裔後分之在南野漢書地理志有蒼梧郡是今爲郡名也○注古者至尊卑○正義曰知帝嚳立四妃者案大戴禮帝繫篇云帝嚳卜四妃之子皆有天下長妃有邰氏之女曰姜嫄生稷次妃有娀氏之女曰簡狄生契次妃陳豐氏之女曰慶都生堯次妃陬氏之女曰常宜生帝摯帝嚳崩帝摯即位摯崩而堯立鄭此注用帝繫之文稷爲堯之異母弟也及注詩生民之篇與此異也以爲姜嫄是高辛之世妃謂高辛後世子孫之妃用命麻序之文以爲帝嚳傳十世姜嫄是帝嚳十世以後子孫之妃云象后妃四星案援神契云辰極橫后妃四星縱曲相扶案祭法云帝嚳能序星辰以著衆明象星

立妃也云帝堯因焉者以此經云舜三妃未之從明堯亦四妃也云舜不告而取者案孟子萬章問孟子云舜不告而取何也孟子曰告則不得取父母終不爲取妻是絕其後也云但三妃而已者案帝王世紀云長妃娥皇無子次妃女英生商均次妃癸比生二女霄明燭光是也云離騷所歌湘夫人者案楚辭九歌第三曰湘夫人云帝子降兮北渚目眇眇兮愁予是也王逸注離騷云娥皇女英墮湘水溺焉又秦紀云死而葬焉非溺也山海經以爲二女此云三者當以記爲正山海經不可用云周人上法帝嚳立正妃者案昬義后一夫人三是也若然案鄭注尚書帝乙妾生微子後立爲正妃生紂殷已有后者謂三妃裏之正仍無后也云夫人也者即舜之三妃也嬪也者即夏所增九女也世婦也者即殷所增二十七人也女御也者即周所增八十一人也自夏以下節級三倍加之

曾子之喪浴於爨室見曾元之辭易簀矯之以謙儉也禮死浴於適室○爨七亂反矯居表反儉其檢反適丁歷反【疏】曾子至爨室○正義曰此一節論曾子故爲非禮以正其子也○注見曾至適室○正義曰案上易簀之後反席未安而沒焉得有浴爨室遺語者以反席之前欲易之後足可有言但記文不備必知謂曾元之辭易簀故矯之者曾子達禮之

人應須浴於正寢今乃浴於爨室明知意有所爲故云矯之也云禮死浴於適室者士喪禮死於適室下云甸人掘坎于階間爲垼於西牆下新盆槃瓶造于西階下乃浴於適室也於爨室爲謙無甸人掘坎爲垼之事是儉也○大功

廢業或曰大功誦可也許其口習故也

疏大功至可也○正義曰此一節論遭喪廢業之事大功廢業者業謂所學習業則身有外營思慮他事恐其忘哀故廢業也誦則在身所爲其事稍静不慮忘哀故許其口習言或曰者以其事疑故稱或曰然録記之人必當明禮應事無疑使後世作法今檢禮記多有不定之辭仲尼門徒親承聖旨子游裼裘而弔曾子襲裘而弔又小斂之奠或云東方或云西方同母異父昆弟魯人或云爲之齊衰或云大功其作記之人多云蓋多云或曰皆無指的並設疑辭者以周公制禮永世作法時經幽厲之亂又遇齊晉之強國異家殊樂崩禮壞諸侯奢僭典法訛舛是以普天率土不閑禮教故子思聖人之胄不喪出母隨武子晉之賢相不識殽烝作記之人隨後撰録善惡兼載得失備書但初制禮之時文已不具略其細事舉其大綱況乃時經離亂日月縣遠數百年後何能曉達記人所以不定止爲失禮者多推此而論未爲怪也亦兼有或人之言也○子

張病召申祥而語之曰君子曰終小人曰死

申祥子張子欲使執喪成已志也死之言澌也事卒爲終消盡爲澌太史公傳曰子張姓顓孫今曰申祥周秦之聲二者相近未聞孰是○語魚據反澌本又作斯音賜下同顓音專近附近之近

吾今日其庶幾乎

言易成也○易以豉反

疏 子張至幾乎○正義曰此一節論子張將終戒勗其子之事子張病困召子申祥而語之曰若君子之死謂之爲終言但身終功名尚在若小人之死但謂之爲死無功名可録但形骸澌盡也子張言此欲令子執治其喪每事從禮使我得成君子○吾今日其庶幾乎者庶幸也幾冀也言吾若平生爲惡不可幸冀爲君子之人吾即平生以善自修今日將死其幸冀爲君子乎汝但執喪成禮以助我意則功名得存但身終而已○注申祥至孰是○正義曰知申祥子張子者以病而召之與曾子召申元同故知子張子也云太史公傳曰子張姓顓孫者案史記太史公姓司馬名談前漢人作太史官修史未成而卒其子遷續成史記作仲尼七十二弟子傳云子張姓顓孫今曰申祥者謂今禮記作申祥云周秦之聲二者相近者謂周國秦國之人言申與顓聲音相近今不知顓是不知申是

故云未聞孰是也

○曾子曰：始死之奠，其餘閣也與？不容改新。閣，皮藏食物。○奠，田練反。閣音各。庋字又作庪，同，九毀反，又居僞反。〔疏〕「曾子」至「也與」。○正義曰：此一節論初死奠之所用之事。○「始死之奠」者，鬼神所依於飲食，故必有祭酹，但始死未容改異，故以生時庋閣上所餘脯醢以爲奠也。《士喪禮》「復魄畢，以脯醢升自阼階，奠于尸東」，此之謂也。○注「不容」至「食物」。○正義曰：閣，架橙之屬。人老及病，飲食不離寢，恐忽須無常，故並將近置室裏閣上也。若死，仍用閣之餘奠者，爲時期切促，急令奠酹，不容方始改新也。

曾子曰：小功不爲位也者，是委巷之禮也。譏之也。位謂以親疏敍列哭也。委巷猶街里委曲所爲也。○街音佳。

子思之哭嫂也爲位，善之也。禮，嫂叔無服。○嫂，悉早反，注同。

婦人倡踊。有服者，娣姒婦小功。倡，先也。○倡，昌尚反，注同。踊音勇。娣姒，大計反，下音似。

申祥之哭言思也亦然。説者云：言思，子游之子，申祥妻之昆弟，亦無服。過此以往，獨哭不爲位。〔疏〕「曾子」至「亦然」。○正義曰：此一節論無服爲位哭之禮。○「小功不爲位也」者

曾子以爲哭小功之喪當須爲位時有哭小功不爲位者故
曾子非之云若哭小功不爲位者是委細屈曲街巷之禮言
禮之末略非典儀正法既言其失乃引得禮之人子思之哭
嫂爲親疏之位於時子思婦與子思之嫂有小功之服故子
思之婦先踊子思乃隨之而哭非直子思如此其申祥哭妻
之兄弟言思亦然是亦如子思也○注位謂至爲也○正義
曰知位謂親疏敘列者以其子思哭嫂爲位下云婦人倡踊
婦人既在先明知爲位也云委巷猶街里委曲所爲也者謂
庶人微賤在街巷里邑委細屈曲所爲不能方正也此子思
哭嫂是孔子之孫以兄先死故有嫂也皇氏以爲原憲字子
思若然鄭無容不注鄭既不注皇氏非也孔氏連叢云一子
相承以至九世及史記所說亦同者不妨雖有二子相承者
唯存一人或其兄早死故得有嫂且雜說不與經合非一也
○注娣姒婦小功倡先也○正義曰案喪服小功章娣姒婦
報傳云弟長也鄭注娣姒婦者兄弟之妻相名也長婦謂穉
婦爲娣婦娣婦謂長婦爲姒婦謂據婦年之長幼則不據夫
年之大小故成十一年左傳云聲伯之母不聘穆姜曰吾不
以妾爲姒穆姜魯宣公夫人聲伯之母魯宣公弟叔肸之妻
是弟妻爲姒又昭二十八年左傳云子容之母走謁諸姑曰
長叔姒生男子容之母伯華之妻也長叔姒是伯華之弟叔

盼之妻是亦謂弟妻爲姒也皆不繫夫身長幼云倡先也者案詩云倡予和女是倡爲先○注言思子游之子申詳妻之昆弟者謂妻之親昆弟也自此以外皆不爲位故奔喪禮禮哭妻之黨於寢鄭引逸奔喪禮云一哭而已不爲位矣○

古者冠縮縫今也衡縫縮從也今禮制衡讀爲橫今冠橫縫以其辟積多○縮所六反縫音逢又扶用反下同衡依注音橫華彭反從子容反故喪冠之反吉非古也解時人之惑喪冠縮縫古冠耳○解佳買反

疏古者至古也○正義曰此一節論記者解時人之惑也古者自殷以上也縮直也殷以上質吉凶冠皆直縫直縫者辟積攝少故一一前後直縫之○今也衡縫者今周也衡橫也周世文冠多辟積不復一一直縫但多作攝而并橫縫之○故喪冠之反吉非古也者周吉冠文故多積攝而橫縫也若喪冠質猶疏辟而直縫是喪冠與吉冠相反故云喪冠之反吉也而時人因謂古時亦喪冠與吉冠反故記者釋云非古也正是周世如此耳古則吉凶冠同從縫

曾子謂子思曰伋吾執親之喪也水漿不入於口者七日言已以疾時禮而不如○

伋音急漿子良反

子思曰先王之制禮也過之者俯而就之不至焉者跂而及之故君子之執親之喪也水漿不入於口者三日杖而后能起爲曾子言難繼以禮抑之○俯音甫跂丘豉反爲于僞反【疏】曾子至能起○正義曰此一節論曾子疾時居喪不能以禮子思以正禮抑之之事○曾子謂子思伋誇已居親之喪能行於禮故云吾水漿不入於口七日意疾時人行禮不如已也故子思以正禮抑之云古昔先代聖王制其禮法使後人依而行之故賢者俯而就之不肖者跂而及之以水漿不入於口三日尚以杖扶病若曾子之言即後人難爲繼也○

曾子曰小功不稅據禮而言也日月已過乃聞喪而服曰稅大功以上然小功輕不服○稅徐他外反注同上時掌反則是遠兄弟終無服也言相離遠者聞之恒晚而可乎以己恩怪之【疏】曾子至可乎○正義曰此一節論曾子怪於禮小功不著稅服之事曾子以爲依禮小功之喪日月已過不更稅而追服則是遠處

兄弟聞喪恒晚終無服而可乎言其不可也曾子仁厚禮雖如此猶以爲薄故怪之此據正服小功也故喪服小記云降而在緦小功者則稅之其餘則否鄭康成義若限內聞喪則追全服若王肅義限內聞喪但服殘日若限滿即止假令如王肅之義限內秖少一日乃始聞喪若其成服服未得成即除也若其不服又何名追服進退無禮王義非也○伯高之喪伯高死時在衛未聞何國人孔氏之使者未至○謂賻賵者○使色吏反賻音附賵芳用反冉子攝束帛乘馬而將之冉子孔子弟子冉有攝猶貸也○乘繩證反四馬曰乘貸他代反孔子曰異哉徒使我不誠於伯高徒猶空也禮所以副忠信也忠信而無禮何傳乎○副音仆傳直專反一本作傳音附【疏】伯高至伯高○正義曰此一節論禮所以副忠信之事各依文解之○注冉子至貸也○正義曰案仲尼弟子傳冉有名求魯人也攝猶貸也謂冉子見孔子使人未至貸之以束帛乘馬而行禮○孔子至伯高○孔子既聞冉有貸之行禮故怪恨之云空使我不得誠信行禮於伯高○注徒猶至傳乎○正義曰忠信由心禮在外貌若內無忠信禮何所施故云忠信

而無禮謂無忠信也既無忠信禮何傳乎言不可傳行也冉有代孔子行弔非孔子本意是非孔子忠信虛有弔禮若孔子重遣人更弔即爾爲不可故云空使我不得誠信行禮於伯高

伯高死於衛赴於孔子赴告也凡有舊恩者則使人告之孔子曰吾惡乎哭諸以其交會尚新○惡音烏惡乎猶於何也兄弟吾哭諸廟父之友吾哭諸廟門之外別親疏也○別彼列反下同師吾哭諸寢朋友吾哭諸寢門之外所知吾哭諸野別輕重也於野則已疏於寢則已重已猶大也夫由賜也見我吾哭諸賜氏本於恩哭於子貢寢門之外○夫舊音扶皇如字謂丈夫即伯高見如字皇賢遍反遂命子貢爲之主明恩所由曰爲爾哭也來者拜之知伯高而來者勿拜也異於正主○爲于僞反下注爲其疾爲褻爲我我爲皆同來者一本作爲爾哭也來

者〔疏〕伯高至拜也○正義曰此一節論親疏所哭之處各依文解之○注別親疏也○正義曰兄弟親父友疏必哭諸廟及廟門外者兄弟是先祖子孫則哭之於廟此殷禮周則哭於寢故雜記云有殯聞遠兄弟之喪哭之側室若無殯當哭諸正寢父之友與父同志故哭諸廟門外非先祖之親故在門外也○注別輕重也○正義曰師友爲重所知爲輕所以哭師於寢寢是已之所居師又成就于已故哭之在正寢此謂殷禮若周禮則奔喪云師哭諸廟門外故鄭荅趙商之問亦以爲然孫炎云奔喪師哭諸廟門外是周禮也依禮而哭諸野若不依此禮則不可故下云惡野哭者以違禮爲野哭也○曰爲至拜也○夫子既命子貢爲主又教子貢拜與不拜之法若與女相知之人爲爾哭伯高之故而來弔爾者則爾拜之若與伯高相知而來哭者女則勿拜也凡喪之正主知生知死來者悉拜今與伯高相知而來不拜故鄭云異於正主

○曾子曰喪有疾食肉飲酒必有草木之滋焉增以香味爲其疾不嗜食○滋音咨嗜市志反以爲薑桂之謂也爲記者正曾子所云草木滋者謂薑桂○薑居良反〔疏〕曾子至謂也○正義曰此一節論居喪有疾得食美味之事○

注爲記至薑桂。正義曰知非曾子之言而云爲記者以上云草木之滋焉下云以爲薑桂之謂也是解上草木之滋豈可曾子自言還自解乎故以爲記者正曾子之言

〇子夏喪其子而喪其明明目精。而喪息浪反下喪明喪爾明同曾子弔之曰吾聞之也朋友喪明則哭之痛之曾子哭子夏亦哭曰天乎予之無罪也怨天罰無罪曾子怒曰商女何無罪也吾與女事夫子於洙泗之間言其有師也洙泗魯水名。女音汝下同洙音殊泗音四洙泗二水名退而老於西河之上西河龍門至華陰之地。華徐胡化反使西河之民疑女於夫子爾罪一也言其不稱師也喪爾親使民未有聞焉爾罪二也言居親喪無異稱。稱尺證反喪爾子喪爾明爾罪三也言隆於妻子而曰女何

無罪與子夏投其杖而拜曰吾過矣吾過矣謝之且服罪也○與音餘吾離羣而索居亦已久矣羣謂同門朋友也索猶散也○離羣羣朋友也上音署索悉各反猶散也下注索居同〔疏〕子夏至久矣○正義曰此一節論子夏恩隆於子之事案仲尼弟子傳云子夏姓卜名商魏人也哀喪其子而哭喪失其明曾子是子夏之友故云朋友喪明則哭之子夏喪子之時曾子已弔今為喪明更弔故曾子先哭子夏始哭云疑女於夫子者既不稱其師自為談說辨慧聰睿絕異於人使西河之民疑女道德與夫子相似皇氏言疑子夏是夫子之身然子夏魏人居在西河之上姓卜名商西河之民無容不識而言是魯國孔丘不近人情皇氏非也○夫晝居於內問其疾可也似有疾○晝知又反夜居於外弔之可也似有喪是故君子非有大故不宿於外大故謂喪憂非致齊也非疾也不晝夜居於內內正寢之中○齊側皆反〔疏〕夫晝至於內○正義曰此一節

論君子居處當合於禮各依文解之○注大故謂喪憂○正義曰上文云夜居於外弔之可也○鄭云似有喪此注兼云憂者以其文云大故語意既寬非獨喪也故周禮每云國有大故皆據寇戎災禍故此兼云憂也身既有憂而夜在於外者既憂禍難不暇入內或與臣下外人夜裏在外圖謀禍患此謂中門外也故禮斬衰及期喪皆中門外爲廬堊室是有喪夜居中門外也○非致至於內○平常無事之時或出或入雖晝居於外外亦有入內雖夜居於內亦有出外時唯致齊與疾疾無問晝夜恒居於內故云非致齊也非疾也不晝夜居於內○注內正寢之中○正義曰恐內是燕寢故云正寢之中必知正寢者以其經云非致齊不居於內致齊在正寢疾則或容在內寢若危篤亦在正寢上文云晝居於內問其疾可也不問齊者齊是爲祭之事衆所共知不須問也此齊在內祭統云君致齊於外夫人致齊於內對夫人之寢爲外內耳○高子皐之執親之喪也子皐孔子弟子名柴泣血三年言泣無聲如血出未嘗見齒言笑之微○見賢遍反君子以爲難言人不能然

疏高子至爲難○正義曰此一節論高柴居喪過禮之事各依文解之○注子皐孔子弟子名柴○正

義曰案史記孔子弟子傳高柴鄭人字子皐○注言泣無聲如血出○正義曰凡人涕淚必因悲聲而出若血出則不由聲也今子皐悲無聲其涕亦出如血之出故云泣血○注言笑之微○正義曰既云泣血三年得有微笑者凡人之情有哀有樂哀至則泣血樂至則微笑凡人大笑則露齒本中笑則露齒微笑則不見齒○君子以爲難○君子以高柴所爲凡人雖可爲之何者凡人發聲始涕出樂至爲大笑今高柴恒能如此餘人不能故爲難也○**衰與其不當物也寧無衰**惡其亂禮不當物謂精麤。廣狹不應法制○衰七雷反下同後五服之衰皆放此不復音當丁浪反注同惡烏路反麤本又作麤七奴反狹音洽應應對之應**齊衰不以邊坐大功不以服勤**爲褻喪服邊偏倚也○褻息列反倚於彼反又於寄反【疏】衰與至服勤○正義曰此一節論衰裳升數形制必須依禮及著服不得爲褻之事各依文解之○衰與其不當物也者此語乃通於五服而初發斬衰也衰喪服也當猶應也物謂升縷及法制長短幅數也衰以表情故制有法度若精麤不應廣狹乖法便爲失禮故云寧無衰也是雖有不如無也○齊衰不以邊坐者因上寧無衰以廣其事也邊坐謂偏倚也喪服宜敬坐起必正不可著衰而偏倚也齊衰輕既不倚斬重不言亦可知也○大功不以服勤者大功雖輕亦不可著衰服以爲勤勞事也齊衰言不邊坐則大功可也大功不勤則齊衰固不可而小功可也○孔子之衛遇舊館人之喪前日君所使舍已入而哭之哀出使子貢說驂而賻之賻助喪用也騑馬曰驂○稅本又作說同他活反徐又始銳反下及注同驂七南反夾服馬也騑芳非反子貢曰於門人之喪未有所說驂說驂於舊館無乃已重乎言說驂大重比於門人恩爲偏頗○頗破多反夫子曰予鄉者入而哭之遇於一哀而出涕遇見也舊館人恩雖輕我入哭見主人爲我盡一哀是以厚恩待我我爲出涕恩重宜有施惠○鄉本又作嚮許亮反出如字徐尺遂反涕音體施始豉反予惡夫涕之無從也小子行之客行無他物可以易之者使遂以往○惡烏路反夫音扶疏孔子至行之○正義曰此一節論孔子欲示人行禮副忠

信之事各依文解之○注前日君所使舍已○正義曰知非舊所經過主人必以爲君所使舍已者若是經過主人當云遇舊主人之喪故禮稱皆云主人是以左傳云以爲東道主又云昔吾主於趙氏皆主人爲主今此云館人明舊館舍於已故以爲君所使舍已者○注賻助至曰騐○正義曰謂助生者喪家使用故既夕禮知死者贈知生者賻是賻爲助生也熊氏以此賻助喪用謂助死者因云賻得生死兩施熊氏非也也案隱元年穀梁傳云錢財曰賻此用馬者即財也故少儀云賻馬不入廟門云騑馬曰騐者説文云騑旁馬是在服馬之旁又詩云騏駵是中騧驪是騐騐在外也孔子得有騐馬者案王度記云天子駕六馬諸侯四大夫三士二古毛詩云天子至大夫皆駕四孔子既身爲大夫若依王度記則有一騐馬也若依毛詩説則有二騐馬也○子貢至行之以子貢不欲説騐故夫子語其説騐之意云我所説騐者我鄉者入而哭之遇値主人盡於一哀是厚恩待我我爲之出涕既爲出涕當有厚施惠予惡夫涕之無從者謂我感舊館人恩深涕淚交下豈得虛然客行更無他物易換此馬女小子但將騐馬以行之副此涕淚然論語云顔回之喪子哭之慟慟比出涕慟則爲甚矣又舊館之恩不得比顔回之極而説騐於舊館惜車於顔回者但舊館情疏厚恩待我須有賙賻故

說驂賻之顏回則師徒之恩親乃是常事則顏回之死必當以物與之顏路無厭更請賣車爲椁以其不知止足故夫子抑之○孔子在衛有送葬者而夫子觀之曰善哉爲喪乎足以爲法矣小子識之子貢曰夫子何善爾也曰其往也如慕其反也如疑慕謂小兒隨父母啼呼疑者哀親之在彼如不欲還然○識式志反又音式下及注章識皆同呼火故反子貢曰豈若速反而虞乎速疾子曰小子識之我未之能行也哀戚本也祭祀末也

疏孔子至行也○正義曰此一節論喪禮以哀戚爲本之事各依文解之○注慕謂至還然○正義曰言慕如小兒啼呼者謂父母在前嬰兒在後恐不及之故在後啼呼而隨之今親喪在前孝子在後恐不逮及如嬰兒之慕疑者謂凡人意有所疑在傍徨不進今孝子哀親在外不知神之來否如不欲還然故如疑問喪云其反也如疑鄭注云疑者不知神之來否與此相兼乃足○子貢曰豈若速反而虞乎○子貢之意葬既已竟神

靈須安豈如速反虞祭安神乎但哀親在彼是痛切之本情反而安神是祭祀之末禮故下文夫子不許○顏淵之喪饋祥肉饋遺也○饋其位反遺于季反孔子出受之入彈琴而后食之彈琴以散哀也○孔子與門人立拱而尚右二三子亦皆尚右傚孔子也○拱恭勇反傚本又作效胡教反下同孔子曰二三子之嗜學也嗜貪○嗜市志反注同我則有姊之喪故也二三子皆尚左復正也喪尚右右陰也吉尚左左陽也

疏孔子至尚左○正義曰此一節論拱手之禮○注喪尚至陽也○正義曰此既凶事尚右吉事尚左案特牲少牢吉祭皆載右胖士虞禮是凶事載左胖者取義不同吉祭載右胖者從地道尊右士虞禮凶祭載左胖者取其反吉故士虞禮設洗于西階西南鄭注反吉是也○孔子蚤作作起○蚤音早負手曳杖消搖於門欲人之怪已○抴羊世反亦作曳消搖本又作逍遙歌曰泰山其頹

乎。泰山衆山所仰○頹徒回反梁木其壞乎梁木衆木所放○放方兩反哲人其萎乎哲人亦衆人所仰放也以上二句喻之萎病也詩云無木不萎○委本又作萎同紆危反注同既歌而入當戶而坐蚤坐急見人也。子貢聞之曰泰山其頹則吾將安仰梁木其壞哲人其萎則吾將安放夫子殆將病也覺孔子歌意殆幾也○幾音祈又音機遂趨而入夫子曰賜爾來何遲也坐則望之夏后氏殯於東階之上則猶在阼也殷人殯於兩楹之間則與賓主夾之也周人殯於西階之上則猶賓之也以三王之禮占已夢○阼才故反楹音盈夾本又作俠古洽反下注同而丘也殷人也予疇昔之夜夢坐奠於兩楹之閒是夢坐兩楹之閒而見饋食也言奠者以爲凶象疇發聲也昔猶前也○食如字又音嗣疇直留反夫明王不興而天下其孰能宗予予殆將死也孰誰也宗尊也兩楹之閒南面鄉明人君聽治正坐之處今無明王誰能尊我以爲人君乎是我殷家奠殯之象以此自知將死○嚮本又作鄉同許亮反治直吏反坐才卧反又如字處昌慮反蓋寢疾七日而沒明聖人知命

【疏】孔子至而沒○正義曰此一節論孔子自說死之意狀各依文解之○注欲人之怪已○正義曰杖以扶身恒在前面用今乃反手卻後以曳其杖示不復杖也又夫子禮度自守貌恒矜莊今乃消搖放蕩以自寬縱皆是特異尋常陵且如此故云欲人之怪已杖曳於後示不復用消搖寬縱示不能以禮自持並將死之意狀○注梁木衆木所放○正義曰衆木榱桷之屬依放橫梁乃存立放則依也故論語云放於利而行孔曰放依也○注以上至不萎○正義曰泰山梁木並指他物哲人其萎指夫子之身以二物比己故云以上二句喻之云詩云無木不萎者此小雅谷風刺幽王之詩言天下俗薄朋友道絕其詩云無草不死無木不萎證萎病○注蚤坐急見人也○正義曰君

子尋常不自當戶已歌而入即當戶而坐故云蚤坐坐不在隱處是急欲見人○泰山至安放者上既云泰山梁木哲人二句今子貢所云泰山其頹云吾將安仰梁木哲人摠云言將安放者以泰山梁木共喻哲人子貢意在怱遽不暇句句別言故直引梁木哲人相喻而足摠云吾將安放○夏后至之也者夏后氏殯於東階則猶在阼周人殯於西階則猶賓之夏與周並言猶者以其既死無所知識孝子不忍以生禮待之猶尚阼階以爲主猶尚西階以爲賓客故言猶也殷人殯於兩楹之間不云猶者庾蔚云東階西階平生賓主所行禮之處故云猶兩楹之間生無此禮故不云猶然禮賓主敵者授受於兩楹之間又是南面聽朝之處庾云生無此禮於義疑也蓋以夫子夢在兩楹而見饋食知是凶象無聽朝之事不得云則猶尊之以有賓主二事故云與也鄭注考工記宗廟路寢制如明堂周之明堂東西九筵南北七筵則五室每室二筵則五室之外堂上窄狹得容殯者以路寢廣大故得容之其上圓下方五室室之屬如明堂日至明堂具解○注言奠者以爲凶象○正義曰時夫子夢見饋食不夢凶奠也但奠禮既死之後未葬之前柩仍在地未立尸主唯奠停飲食故云奠也○注孰誰至將死○正義曰孰誰也釋詁文禮有大宗小宗故云宗尊也知兩楹之間人君聽治正坐之處者

案覲禮天子負斧依南面又顧命云牖間南嚮是天子兩楹治事之處也每日視朝雖在路門外退坐當路寢兩楹也其諸侯視朝亦南面知者以諸侯一國之尊故論語云雍也可使南面鄭注言任諸侯治也則在路寢南面聽政若其燕饗則在阼階西面燕禮大射是也案莊子聖人無夢莊子意在無爲欲令靜寂無事不有思慮故云聖人无夢但聖人雖異人者神明同人者五情五情既同焉得無夢故禮記文王世子有九齡之夢尚書有武王夢協之言

孔子之喪門人疑所服無喪師之禮子貢曰昔者夫子之喪顔淵若喪子而無服喪子路亦然請喪夫子若喪父而無服無服不爲衰弔服而加麻心喪三年

【疏】孔子至無服○正義曰此一節論弟子爲師喪制之禮各依文解之○門人疑所服者依禮喪師無服其事分明今夫子之喪門人疑者以夫子聖人與凡師不等當應特加喪禮故疑所服○注弔服至三年○正義曰知爲師弔服加麻者案喪服朋友麻其師與朋友同故知亦加麻也必知喪師與朋友同者案下云孔子之喪二三子皆絰而出羣居則絰出則否是弟子相爲與爲夫子同但

經出與不出有異明其服同也云弔服而加麻麻謂經與帶也皆以麻爲之故云加麻也又喪服緦麻章云朋友麻鄭云朋友雖無親而有同道之恩相爲服緦之經帶是也鄭知服緦之經帶者緦爲五服之輕又與錫衰等同爲弔服之限故知緦之經帶也論云爲師及朋友皆既葬除之案司服云王爲三公六卿錫衰爲諸侯緦衰爲大夫士疑衰其首服皆弁經鄭司農云錫者十五升去其半有事其布無事其縷鄭康成云無事其縷哀在内以服稍重故但治事其布不治事其縷鄭司農又云緦十五升布去其半有事其縷無事其布鄭康成云無事其布哀在外以其稍輕故得治縷也司農又云疑衰十四升康成云疑之言擬也擬於吉服謂比擬吉服十五升也首服弁經者鄭注司服云弁經如爵弁而素加環經鄭知如爵弁者見下文云殷人冔而葬又云弁經葛而葬與神交之道冔是祭冠也故知弁經是爵弁也知加環經者以雜記云小斂環經公大夫士一也天子弔諸臣之服無問當事與不當事皆弁經也諸侯以錫衰爲弔服但首服有異弔他國皆首服皮弁故喪服小記云諸侯弔必皮弁錫衰是也若弔已臣當事則弁經故服問云公弔當事則弁經於士雖當事亦皮弁諸侯雖以錫衰爲常弔之服其弔士亦有緦衰疑衰故鄭注文王世子云同姓之士則緦衰異姓之士則疑衰卿

大夫亦以錫衰爲弔服當事亦弁絰故鄭注喪服云諸侯及卿大夫亦以錫衰爲弔服當事乃弁絰否則皮弁辟天子也其士之弔服則疑衰故鄭注喪服云士以緦衰爲喪服其弔服則疑衰也舊說以爲士弔服布上素下鄭注云此實疑衰也改其裳以素辟諸侯也當事亦弁絰故鄭注喪服云士弁絰皮弁之時如卿大夫凡弔服惟有弁絰皆無帶也知無帶者周禮司服及服問但云弁絰不云帶故知然也其朋友之服諸侯及大夫等則皆疑衰故鄭注喪服云朋友之相爲服則士弔服也既特云士弔服明諸侯大夫等皆用士之弔服唯加緦之絰帶爲異耳是以喪服朋友麻鄭注云服緦之絰帶又下文云子游襲裘帶絰而入鄭注云所弔者朋友是朋友相爲加帶凡朋友相爲者雖不當事亦弁絰故下文云羣居則絰是也其庶人鄭注喪服云庶人不爵弁則其弔服素冠委貌鄭注不顯所著之服文承疑衰素裳之下則庶人亦用疑衰或者庶人布深衣當服布深衣冠素委貌也

○孔子之喪公西赤爲志焉公西赤孔子弟子字子華志謂章識飾棺牆牆之障柩猶垣牆障家置翣牆柳衣翣以布衣木如攝與○置知吏反翣所甲反衣於既反攝所甲反又所洽反與音餘設披周也設

崇殷也綢練設旐夏也 夫子雖殷人兼用三王之禮尊之披柩行夾引棺者

崇。牙旌旗飾也綢練以練綢旌之杠此旌葬乘車所建也旌之旐緇布廣充幅長尋曰旐爾雅說旌旗曰素錦綢杠。披彼義反綢吐刀反韜也徐直留反注同旐直小反杠音江竿也乘繩證反廣光浪反凡度廣狹曰廣他皆放此幅方木反

【疏】孔子至夏也。正義曰此一節論孔子之喪送葬用三王之禮各依文解之。注公西至子華。正義曰案仲尼弟子傳云公西赤字子華少孔子四十二歲鄭云魯人也。飾棺至夏也。孔子之喪公西赤以飾棺榮夫子故為盛禮備三王之法以章明志識焉於是以素為褚褚外加牆車邊置翣恐柩車傾虧而以繩左右維持之此皆周之法也其送葬乘車所建旌旗刻繒為崇牙之飾此則殷法又韜盛旌旗之竿以素錦於杠首設長尋之旐此則夏禮也既尊崇夫子故兼用三代之飾也。注牆柳至攝與。正義曰牆之障柩猶垣牆障家故謂障柩之物為牆障柩之物即柳也外旁帷荒中央材木揔而言之皆謂之為柳也縫人注云柳聚也諸飾所聚前文注云牆柳者以經直云周人牆置翣文無所對故注直云牆柳也此文為下對設披設崇設旐之事皆委曲備言故亦委曲解之故注云牆柳衣也其實牆則柳也雖

記喪從外來雖非葬節以裳帷障棺亦與垣牆相似故鄭注
不毀牆之下云牆裳帷也皆望經爲義故三注不同云翣以
布衣木者鄭注喪大記云漢禮翣以木爲筐廣三尺高二尺
四寸方兩角高衣以白布畫雲氣柄長五尺云如攝與者攝
與○漢時之扇與疑辭鄭恐人不識翣體故云如今攝與○注披
柩至綢杠○正義曰案喪大記國君纁披六鄭云設之於旁
所以備傾虧也故此云披柩行夾引棺者云崇牙旌旗飾也
者對下綢練設旐故爲旌旗飾也謂旌旗之旁刻繒爲崇牙
殷必以崇牙爲飾者殷湯以武受命恒以牙爲飾云此旌葬
乘車所建也者案既夕禮陳車門內右北面乘車載旜道車
載朝服稾車載簑笠故知此旌乘車所建也凡送葬之旌經
文不具案既夕士禮而有二旌一是銘旌是初死書名於上
則士喪禮爲銘各以其物書名於末曰某氏某之柩置於西
階上葬則在柩車之前至壙與茵同入於壙也二是乘車之
旌則既夕禮乘車載旜亦在柩之前至壙柩既入壙乃斂乘
車所載之旌載於柩車而還故鄭注既夕禮云柩車至壙祝
脫載除飾乃斂乘車道車稾車之服載之而還不空以歸送
形而往迎精而反此是士之二旌也其大夫諸侯則無文其
天子亦有銘旌與士禮同故司常云大喪共銘旌鄭注云王
則大常也士喪禮曰爲銘各以其物初死亦置於西階將葬

移置於茵從遣車之後亦入於壙也是其一旌也司常又云建廞車之旌廞謂興作之則明器之車也其旌則明器之旌止則陳建於遣車之上行則執之以從遣車至壙從明器而納之壙中此二旌也案士禮旣有乘車載旜攝孤卿之旜則天子亦當有乘車載大常謂以金路載之至壙載之而歸但禮文不具耳此其三旌也然則天子三旌也士以禮無遣車故無廞車之旌但二旌耳諸侯及大夫無文熊氏以爲大夫以上有遣車即有廞旌並有三旌也云旌之旒緇布廣充幅長尋曰旐者爾雅釋天文引之者證經中設旐夏也案鄭注明堂位云有虞氏當言綏夏后氏當言旂以此差之古代尚質有虞氏但注旄竿首未有緇帛故云綏也夏后。漸文故有素錦綢杠又垂八尺之旐故夏云旂也旂是大古名非交龍之旂周則文物大備旂有九等垂之以縿縏之以旃又有交龍之旂龜虵之旐與夏不同夏雖八尺之旐更無餘飾又引爾雅素錦綢杠者亦爾雅釋天文引之者證經文綢練練則素錦用以爲綢杠也

明儀爲志焉志亦謂章識褚幕丹質以丹布幕爲褚葬覆棺不牆不翣○

○子張之喪公褚張呂反幕音莫褚幕覆棺者蟻結于四隅畫褚之四角其文如蟻行往來相交錯蟻蚍蜉也殷

之蟻結似今蚍。文畫。蟻魚綺反又作蛾蚍避尸反徐扶夷反蜉音浮**殷士也**學於孔子傚殷禮

【疏】子張至士也○正義曰此一節論孔子弟子送葬車飾學孔子行殷禮之事各隨文解之○子張之喪公明儀爲志焉公明儀是其弟子亦如公西赤爲章識焉此公明儀又爲曾子弟子故祭義云公明儀問於曾子曰夫子可以爲孝乎是也○褚幕丹質者褚謂覆棺之物若大夫以上其形似幄士則無褚今公明儀尊敬其師故特爲褚不得爲幄但似幕形故云褚幕以丹質之布而爲之也○蟻結者蟻蚍蜉也又於褚之四角畫蚍蜉之形交結往來故云蟻結於四隅所以不牆不翣者用殷禮也所以畫蟻者殷禮士葬之飾也棺蓋亦或取蚍蜉夫子聖人雖行殷禮弟子尊之故葬兼三代之禮今公明儀雖尊其師秖用殷法不牆不翣唯特加褚幕而已上葬夫子用三代之飾案士喪禮既非聖人亦用夏祝商祝彼謂祝習夏禮商禮總是周祝也故鄭注士喪禮云夏祝祝習夏禮者也夏人教以忠其於養宜故主饋食商祝祝習商禮者商人教之以敬於接神宜故主衣服襲斂周人之喪皆有夏商二祝與夫子用三代之禮其義不同夫子用三代之禮不爲僭者用其大夫之禮耳必用三代者夫子聖人德備三代文物故也○**子夏問於孔子**

曰居父母之仇如之何夫子曰寢苫枕干不仕雖除喪居處猶若喪也干盾也○仇音求讎也苫始占反草也枕之鴆反楯本又作盾食允反又音允弗與共天下也不可以並生遇諸市朝不反兵而鬬言雖適市朝不釋兵○朝直遙反注同曰請問居昆弟之仇如之何曰仕弗與共國銜君命而使雖遇之不鬬爲負而廢君命○銜音咸使色吏反爲于僞反下爲其負相爲同曰請問居從父昆弟之仇如之何曰不爲魁魁猶首也天文北斗魁爲首杓爲末○從如字徐才用反魁苦回反杓必遙反又匹遙反主人能則執兵而陪其後爲其負當成之○陪步回反

【疏】子夏至其後○正義曰：此一節論親疏報仇之法，各依文解之。○遇諸市朝者，上既云不仕，得有遇諸朝者，身雖不仕，或有事須入朝，故得有遇諸朝也。不反兵而鬬者，言執殺之備，是常帶兵，雖在市朝，不待反還取兵，即當鬬也。然朝在公門之內兵器不入公門身得持兵入朝者案閽人掌中門之禁但兵器不得入中門耳其大詢衆庶在臯門之內則得人也且朝文既廣設朝或在野外或在縣鄙鄉遂但有公事之處皆謂之朝兵者亦謂佩刀已上不必要是弓戟皇氏以爲市朝正謂市也市有行肆似朝故謂市朝此辭非也上曲禮雖云不與共戴天文不備也上曲禮云兄弟之讎不反兵此父母之仇云不反兵又此昆弟之仇不云不反兵者父母與昆弟之仇皆不反兵上曲禮昆弟之讎云不反兵者謂非公事或不仕者故恒執持殺之備此文昆弟之仇據身仕爲君命出使遇之不鬬故不得云不反兵也二文相互乃足○注爲負而廢君命○正義曰負猶不勝也爲其鬬而不勝廢君命也下注云爲其負當成之負亦謂不勝也○注天文北斗魁爲首杓爲末○正義曰案春秋運斗樞云北斗七星第一天樞第二旋第三機第四權第五衡第六開陽第七揺光第一至第四爲魁第五至第七爲杓是魁爲首杓爲末○主人能則執兵而陪其後○謂從父昆弟之仇既不爲報仇魁首若主人能自報之則執兵陪助其後

孔子之喪二三子皆經而出尊師也出謂有所之適然則凡弔服加麻者出則變服○經大結反**羣居則經出則**

否羣謂七十二弟子相爲朋友服子夏曰吾離羣而索居○易墓非古也易謂芟治草木不易者丘陵也○易以豉反注同芟所銜反

疏易墓非古也○正義曰此一節論墓內不合芟治之事○易謂至陵也○正義曰墓謂冢旁之地易謂芟治草木不使荒穢不易者使有草木如丘陵然言易墓非古也則古者殷以前墓而不墳是不治易也、

○子路曰吾聞諸夫子喪禮與其哀不足而禮有餘也不若禮不足而哀有餘也喪主哀祭禮與其敬不足而禮有餘也不若禮不足而敬有餘也祭主敬○

疏子路至餘也○正義曰此一節論喪主哀祭主敬之事○吾聞諸夫子者諸之也據所聞事於孔子也○喪禮與其哀不足而禮有餘也此所聞事喪禮居喪之禮也與及也禮有餘○明器衣衾之屬○也言居喪及其哀少而禮物多也不若禮不足而哀有餘也者若物多而哀少則不如物少而哀多也○祭禮與其敬不足而禮有餘也者祭禮謂祭祀之禮也而禮有餘謂俎豆牲牢之屬多也言敬少而牢

多也不若禮不足而敬有餘也者若牲器多而敬少則不如牲器少而敬多也○曾子弔於負夏負夏衛地主人既祖填池祖謂移柩車去載處爲行始也填池當爲奠徹奠徹聲之誤也推柩奠徹謂徹遣奠設祖奠○填池依注音奠徹盧王並如字處昌慮反下同遣奠弃戰反本或作遷奠非而反之反於載處榮曾子弔欲更始○推昌佳反又吐回反柩其久反降婦人而后行禮禮既祖而婦人降今反柩婦人辟之復升堂矣柩無反而反之而又降婦人蓋欲矜賓於此婦人皆非○辟音避下辟賢辟不懷並同復扶又反從者曰禮與怪之○從音才用反下同與音餘下同曾子曰夫祖者且也且未定之辭○夫音扶且胡爲其不可以反宿也給說從者又問諸子游曰禮與疑曾子言非子游曰飯於牖下小斂於戶內大斂於阼殯於客位祖於庭葬於墓所以即遠也故

喪事有進而無退。明反柩非。飯煩晚反牖羊久反斂力驗反禮家凡小斂大斂之字皆同不重出昨才故反曾子聞之曰多矣乎予出祖者善子游言且服。且服本或作且服過

【疏】曾子至祖者。正義曰此一節論負夏氏葬禮所失之事。既祖塡池者案既夕禮啓殯之後柩遷于祖重先奠從柩從升自西階正柩于兩楹間用夷床鄭注云是時柩北首設奠于柩西此奠謂啓殯之奠也質明徹去啓奠乃設遷祖之奠于柩西至日側乃卻下柩載於階間乘蜃車載訖降下遷祖之奠設於柩車西當前束時柩猶北首前束近北前束者謂棺於車束有前後故云前束乃飾柩設披屬引徹去遷祖之奠遷柩嚮外而爲行始謂之祖也婦人降即位于階間乃設祖奠于柩西至厥明徹祖奠又設遣奠於柩車之西然後徹之苞牲取下體以載之遂行此是啓殯之後至柩車出之節也曾子弔於負夏氏正當主人祖祭之明旦既徹祖奠之後設遣奠之時而來弔主人榮曾子之來乃徹去遣奠更設祖奠又推柩少退而返之嚮北又遣婦人升堂至明旦婦人從堂更降而後乃行遣車禮從曾子者意以爲疑問曾子云此是禮與曾子既見主人榮已不欲指其錯失爲之隱諱云夫祖者且也且

是求定之辭祖是行始未是實行且去住二者皆得既得且住何爲不可以反宿明日乃去○注祖謂至祖奠○正義曰祖謂移柩車去載處爲行始者案既夕禮注云束棺於柩車賓出遂匠納車於階間柩從兩楹卻下載於車乃迴車南出是爲祖也祖始○也謂將行之始也云奠徹謂徹遣奠設祖奠者案既夕禮祖曰明旦徹祖奠設遣奠曾子正當設遣奠時來主人乃徹去遣奠還設祖奠似若不爲遣奠然經云主人既祖祖之明日既徹祖奠之時故謂之既祖鄭云祖謂移柩車去載處者解正祖之名也皇氏熊氏皆云曾子雖今山來弔遥指昨日爲既祖於文賒緩其義非也○注禮既祖而婦人降○正義曰既夕禮文以既祖柩車南出階間既空故婦人得降立階間今柩車反還階間故婦人辟之升堂婦人既已升堂柩車未迴南出則婦人未合降也今乃降之者以曾子賢人欲矜誇賓於此婦人也言皆非者柩無反而反之是一非既反之未迴車南出不合降婦人而降之是二非也○注給說○正義曰論語云禦人以口給謂不顧道理以捷給說於人也○曾子至祖者○多猶勝也曾子自知己說之非聞子游之荅是故善服子游也故言子游所說出祖之事勝於我所說出祖也

○曾子襲裘而弔子游裼裘而弔曾

子指子游而示人曰夫夫也爲習於禮者如之何其裼裘而弔也曾子蓋知臨喪無飾夫夫猶言此丈夫也子游於時名爲習禮○裼星厤反夫夫上音扶下如字一讀並如字注及下同主人既小斂袒括髮子游趨而出襲裘帶絰而入於主人變乃變也所弔者朋友○袒括徒旱反下古活反曾子曰我過矣我過矣夫夫是也服是善子游○

【疏】曾子至是也○正義曰此一節論弔禮得失之事各依文解之○子游趨而出襲裘帶絰而入凡弔喪之禮主人未變之前弔者吉服而弔吉服謂羔裘玄冠緇衣素裳又袒去上服以露裼衣則此裼裘而弔是也主人既變之後雖著朝服而加武以絰又掩其上服若是朋友又加帶則此襲裘帶絰而入是也案喪大記云弔者襲裘加武帶絰注云始死弔者朝服裼裘如吉時也小斂則改襲裘而加武與帶絰矣武吉冠之卷也加武者明不改冠但加絰於武喪大記所云亦據朋友故云帶絰帶既在要鄭注加武與帶絰似帶亦加武者其實加武唯絰連言帶耳主人成服之後弔者大夫

則錫衰士則疑衰當事皆首服弁絰此子游之弔未知主人小斂以否何因出則有帶絰服之而入但子游既及弔喪豫備其事故將帶絰行也 ○子夏既除喪而見見於孔子○見賢遍反注及下同予之琴和之而不和彈之而不成聲樂由人心○予羊汝反下同和音禾或胡卧反下同樂音岳又音洛作而曰哀未忘也先王制禮而弗敢過也作起○忘音亡○子張既除喪而見予之琴和之而和彈之而成聲作而曰先王制禮不敢不至焉雖情異善其俱順禮

【疏】子夏至至焉○正義曰此一節論子夏子張居喪順禮之事此言子夏子張者案家語及詩傳皆言子夏喪畢夫子與琴援琴而絃衎衎而樂閔子騫喪畢夫子與琴援琴而絃切切而哀與此不同者當以家語及詩傳爲正知者以子夏喪親無異聞焉能彈琴而不成聲而閔子騫至孝之人故孔子善之云孝哉閔子騫然家語詩傳云援琴而絃切切。以爲正也熊氏以爲子夏居父母之喪異故不同也○司寇惠子之喪惠子衛將軍文子彌牟之弟惠叔蘭也生虎者○彌亡卑反牟莫侯反子游爲之麻衰牡麻絰惠子廢適立庶爲之重服以譏之麻衰以吉服之布爲衰○爲之于僞反注爲之重服下爲之服皆同適丁歴反下文及注同文子辭曰子辱與彌牟之弟游謝其存時又辱爲之服敢辭止之服也子游曰禮也文子退反哭子游名習禮文子亦以爲當然未覺其所譏子游趨而就諸臣之位深譏之大夫之家臣位在賓後文子又辭曰子辱與彌牟之弟游又辱爲之服又辱臨其喪敢辭止之在臣位子游曰固以請再不從命文子退扶適子南面而立曰子辱與彌牟之弟游又辱爲之服又辱臨其喪虎也敢不復位覺所譏也虎適子名

文子親扶而辭敬子游也南面而立則諸臣位在門內北面明矣

子游趨而就客位

疏 司寇至客位○正義曰此一節論子游識司寇惠子廢適立庶得行之事各依文解之○注惠子至虎者○正義曰案世本靈公生昭子郢郢生文子木及惠叔蘭蘭生虎虎爲司寇氏文子生簡子瑕瑕生衛將軍文氏然則彌牟是木之字○注爲之至爲衰○正義曰子游既與惠子爲朋友應著弔服加緦麻帶絰今乃著麻衰牡麻絰故云重服譏之云麻衰以吉服之布爲衰者案詩云麻衣如雪又閒傳云大祥素縞麻衣皆吉服之布稱麻故知此麻衰亦吉服之布也案喪服云公子爲其母麻衣鄭注云小功布深衣者以大夫之子爲其母厭降大功則公子爲其母厭降宜小功布衰與此別也案弔服錫衰十五升去其半疑衰十四升今子游麻衰乃吉服十五升輕於弔服而云重服以譏之者據牡麻絰爲重弔服弁絰大如緦之絰一股而環之今乃用牡麻絞絰與齊衰絰同故云重也○注深譏至賓後○正義曰大夫之賓位在門東近北大夫之家臣位亦在門東而南近門並皆北嚮故在賓後也故盧云喪賓後主人同在門東家臣賓後則近南也○注南面至明矣○正義曰然鄭亦不知臣定位今以此爲證故云明矣子游弔在臣位適子既嚮南

面對子游故知臣位在門○內北面也案鄭注之意前既云大夫家臣位在賓後則此又云臣位在門內北面則凡賓位在門東亦得與盧合也而前檀弓云趍而就伯子於門右注云去賓位就主人之兄弟賢者若案彼注云則未趍時賓位應在門左者以檀弓之弔當在小斂前同國并異國並在門左若諸侯禮大國賓辟寄公故在門右耳或云檀弓爲異國禮譏於仲子故自處異國之賓故在門西也

○將軍文子之喪既除喪而后越人來弔主人深衣練冠待于廟垂涕洟主人文子之子簡子瑕也深衣練冠凶服變也待于廟受弔不迎賓也○涕音他計反洟音夷自目曰涕自鼻曰洟瑕音遐本又作假音古雅反子游觀之曰將軍文氏之子其庶幾乎亡於禮者之禮也其動也中中禮之變○丁仲反注及下注禮中之中同

【疏】將軍文子之喪至其動也中○正義曰此一節論居喪得中禮之變各依文解之○將軍文子其身終亡既除喪大祥祭之後越人來弔謂遠國之人始弔其喪主人文子之子身著深衣是既祥之麻衣也首著

練冠謂未祥之練冠也待賓於廟目垂於涕鼻垂於洟子游觀之曰將軍文氏之子其庶幾乎亡於禮者之禮也者亡無也其始死至練祥來弔是有文之禮祥後來弔是無文之禮言文氏之子庶幾堪行乎無於禮文之禮也所以堪行者以其舉動也中當於禮之變節也○注主人至賓也○正義曰文子之子簡子瑕也知者世本云深衣練冠凶服變也者深衣即閒傳麻衣也但制如深衣緣之以布曰麻衣緣之以素曰長衣緣之以采曰深衣○練冠者謂祭前之冠若祥祭則縞冠也此謂由來未弔者故練冠若曾來已弔祥後爲喪事更來雖不及祥祭之日主人必服祥日之服以受之故雜記云既祥雖不當縞者必縞然後反服注云謂有以喪事贈賵來者雖不及時猶變服服祥祭之服以受之重其禮也其於此時始弔者則衞將軍文子之子爲之雜記經文本爲重來者故縞冠衞將軍之子始來者故練冠故雜記注引此文者證祥後來弔之事一邊耳推此而言禫後始來弔者則著祥冠若禫後更來有事主人則著禫服其吉祭已後或來弔者其服無文除喪之後亦有弔法故春秋文九年秦人來歸僖公成風之襚是也云待于廟受弔不迎賓也者以其死者遷入於廟故今待弔於廟就死者案士喪禮始死爲君命出小斂以後爲大夫出是有受弔迎賓今以除服受弔故不迎賓

也或曰此非已君之命以敵禮待之故不迎也或云此是禫後吉時來也故不在寢而待於廟也禮論亦同

幼名冠字五十以伯仲死謚周道也經也者實也所以表哀戚○冠古亂反

掘中霤而浴毁竈以綴足及葬毁宗躐行出于大門殷道也明不復有事於此周人浴不掘中霤葬不毁宗躐行毁宗毁廟門之西而出行神之位在廟門之外○掘求月反又求勿反霤力救反綴丁劣反又丁衞反躐良輒反復扶又反

學者行之學於孔子者行之傚殷禮

【疏】幼名至行之○正義曰此一節論殷周禮異之事各依文解之○幼名冠字者名以名質生若無名不可分別故始生三月而加名故云幼名也○冠字者人年二十有爲人父之道朋友等類不可復呼其名故冠而加字年至五十耆艾轉尊又捨其二十之字直以伯仲別之至死而加謚凡此之事皆周道也然則自殷以前爲字不在冠時伯仲不當五十以殷尚質不諱名故也又殷以上有生號仍爲死後之稱更無別謚堯舜禹湯之例是也周則死後別立謚故摠云周道也士冠禮二十已有伯某甫仲叔季此云

五十以伯仲者二十之時雖云伯仲皆配某甫而言五十之時直呼伯仲耳禮緯含文嘉云質家稱仲文家稱叔周代是文故有管叔蔡叔霍叔康叔聃季等末者稱季是也○掘中至道也○此以下三句明殷禮也每一條義兼二事也中霤室中也死而掘室中之地作坎所以然者一則言此室於死者無用二則以牀架坎上尸於牀上浴令浴汁入坎故云掘中霤而浴也○毀竈以綴足者亦義兼二事一則死而毀竈示死無復飲食之事故毀竈也二則恐死人冷強足辟戾不可著屨故用毀竈之甓連綴死人足令直可著屨也○及葬毀宗躐行出于大門者亦義兼二事也毀宗毀廟也殷人殯於廟至葬柩出毀廟門西邊牆而出于大門所以然者一則明此廟於死者無事故毀之也二則行神之位在廟門西邊當所毀宗之外若生時出行則爲壇幣告行神告竟車躐行壇上而出使道中安穩如在壇今鄉毀宗處出仍得躐此行壇如生時之出也故云毀宗躐行出于大門也○殷道也者道禮也上三句皆是殷禮也○注明不至之外○正義曰此謂中霤竈宗所以掘中霤毀竈及宗是明不復有事於此處也云周人浴不掘中霤者用盤承浴汁也是以喪大記浴水用盆沃水用枓沐用瓦盤鄭注云浴沃用枓沐於盤中文相變也案鄭旨則知浴用盤也云葬不毀宗躐行者周殯於正

寢至葬而朝廟從正門出不毀宗也故士喪禮不云躐行也然周家亦不毀竈綴足而鄭注不云者以周綴足用燕几其文可見故此不言耳至於毀宗躐行掘中霤周雖不爲而經文無云不掘不毀故鄭注言之也但舉首末言之則中從可知也云毀宗毀廟門之西而出者廟門西邊牆也云行神之位在廟門之外者以其毀宗故云躐行故知行神在廟門之外常毀處之外也

行神於後更說

附釋音禮記注疏卷第七

江西南昌府學栞

禮記注疏卷七校勘記

阮元撰盧宣旬摘録

檀弓上

大公封於營邱節

故云先王制禮樂者　閩監毛本同惠棟挍宋本無禮字制上有所字續通解同

若舜愛樂其王業所由　閩監毛本作舜此本舜誤爲

禹愛樂其王業所謂　閩監毛本同惠棟挍宋本謂作由續通解同

狐死正邱首而嚮邱　閩監毛本同惠棟挍宋本作狐死正邱首謂狐之死正邱而嚮邱續通解同

雖狼狽而死　閩監本同毛本狽作狽衞氏集説同續通解同

注齊大公受封至齊曰營邱　閩監毛本同惠棟挍宋本無受封齊曰四字

大公望生丁公伋監毛本作丁此本誤下閩本同

舜葬於蒼梧之野節

五者相參閩監毛本同嘉靖本同惠棟校宋本參作三宋監本同岳本同通典五十八引作五者相參

周公蓋祔閩監毛本同岳本嘉靖本同衞氏集説同惠棟校宋本祔作附石經同注放此

且天下爲家閩本同惠棟校宋本同監毛本且誤目

未知審也閩監毛本也作悉衞氏集説作未之審悉

記人以周公始附閩監毛本附作祔下蓋始附葬附郎合也同

南巡守閩監本同毛本守作狩

次妃娵氏之女曰常宜閩監毛本同浦鏜云娵下脱訾字從大戴禮挍也

云舜不告而取者閩監本同毛本取作娶下而取何也不得取取妻皆同

次妃癸比 閩監毛本作比此本誤北

大功廢業節

謂所學習業則身有外營 閩監毛本同惠棟挍宋本習業下重習業二字

今檢禮記 閩監本同毛本檢作撿○挍作撿避所諱全書皆然

子張病節

吾郎平生以善自脩 閩監毛本同浦鏜挍云即當既字誤

與曾子召申元同 閩本同監毛本申元作元申

始死之奠節

恐忽須無當 閩監毛本同惠棟挍宋本當作常衞氏集說同

小功不爲位也者節

言禮之末略閩監毛本作末此本末誤未

鄭注娣姒婦者閩監毛本同惠棟挍宋本注下有云字

故奔喪禮哭妻之黨於寢閩監毛本如此此本禮誤重

古也冠縮縫節

解時人之惑閩監毛本作惑岳本嘉靖本同此本惑誤感

辟積攝少閩監毛本攝作襵衞氏集說同下但多作攝同

曾子謂子思曰節

言已以疾時禮而不如閩監毛本同岳本嘉靖本同浦鏜挍從衞氏集說改禮而不如作人之不然非也正義云意疾時人行禮不如已也是正疏禮而不如

小功不稅節

若限滿卽止　閩監毛本作卽此本誤節

進退無禮　閩監毛本同惠棟挍宋本禮作理

伯高死於衛節

夫由賜也見我　惠棟挍宋本同石經同宋監本岳本嘉靖本同衛氏集說同釋文出夫由閩監毛本誤猶石經考文提要宋大字本宋本九經南宋巾箱本余仁仲本劉叔剛本禮記纂言至善堂九經本皆作由

爲爾哭也來者　閩監毛本同石經同岳本嘉靖本同正義同釋文出爲爾來者云一本作爲爾哭也來者

依禮而哭諸野　惠棟挍宋本作諸此本諸誤謂閩監毛本同

子夏喪其子節

而曰女何無罪與　閩監毛本同石經同岳本嘉靖本同衛氏集說同釋文於上出女何云音汝下同坊本女作爾石經考文提要云案上文女何無罪也此作爾歧出宋大字本宋本九經南宋巾箱本余仁仲本劉叔剛本禮

記篹言皆作女

夫晝居於內節 ○

無閒晝夜 閩監毛本同惠棟挍宋本閒作問衞氏集說同

高子皐節

言人不能然 閩監毛本作能然岳本同此本能誤禮衞氏集說作言人不能然也嘉靖本作言人不能也惠棟挍宋本同

案史記孔子弟子傳 閩監毛本同惠棟挍宋本孔子作仲尼

衰與其不當物也節

謂精麄廣狹 閩監毛本同嘉靖本同惠棟挍宋本麄作麤宋監本岳本同衞氏集說作粗釋文出精麄云本又作麤○按段玉裁云篇韵麤訓不精俗作麄今人概用作粗粗行而麤廢矣

孔子之衛節

使子貢說驂而賻之　閩監毛本同石經同岳本嘉靖本同衛氏集說本同正義同釋文出稅驂云本又作說下及注同

予鄉者入而哭之　閩監毛本同石經同岳本嘉靖本同衛氏集說同正義同釋文出正予鄉皆是也云本又作嚮非考文引古本作嚮

故既夕禮知死者贈　閩監毛本作贈此本贈誤賻

惜車於顏回者　閩監毛本作惜此本誤糟

須有賵賻　閩監毛本同衛氏集說同考文引宋板賵作贈是也

孔子在衛節　惠棟挍云孔子在衛節顏淵之喪節宋本合爲一節

在傍徨不進　閩本同惠棟挍宋本監毛本在作則衛氏集說同

孔子蚤作節　○

負手曳杖　閩監毛本同石經同岳本嘉靖本同衞氏集說本同正義同釋文出栂云亦作曳

消搖於門　閩監毛本同石經同岳本嘉靖本同衞氏集說本同正義同釋文出消摇云本又作逍遥考文引古本作逍遥

欲人之怪已　閩監毛本同岳本嘉靖本同惠棟挍宋本已作己宋監本同衞氏集說同

泰山其頹乎　閩監毛本同岳本同衞氏集說同嘉靖本頹作頽釋文出頹石經頹作頹下其頹同

哲人其萎乎　閩監毛本同正義同石經同岳本嘉靖本衞氏集說同釋文出委乎云本又作萎注同

梁木其壞哲人其萎則吾將安放　閩監毛本同石經同岳本嘉靖本同衞氏集說同困學紀聞曰家語終記云泰山其頹則吾將安仰梁木其壞吾將安杖哲人其萎吾將安放檀弓無吾將安杖四字或謂盧陵劉美中家古本禮記梁木其壞之下有則吾將安仗五字蓋與家語合齊召南曰案古本以無此五字故孔疏云子貢

意在怱遽不暇別言是也或所見別本必好事者爲之

南面鄉明 閩監毛本同岳本嘉靖本同釋文出嚮明云本又作鄉衞氏集說作嚮考文引古本同

陵且如此 監毛本同閩本且作旦續通解同

子貢意在怱遽 閩監本同惠棟挍宋本怱作忩毛本作怱

如明堂日至明堂具解 惠棟挍宋本日作耳至字同閩監毛本日至作月令

尚書有武王夢協之言 毛本同閩監本協作恊○惠棟挍宋本此下另行標禮記正義卷第九終記云凡二十五頁

孔子之喪門人疑所服節 惠棟挍宋本自此節起至孔子曰之死而致死之節止爲第十卷卷首題禮記正義卷第十

孔子至無服 惠棟挍宋本無此五字

與神交之道　監毛本○同閩本交誤父

卿大夫亦以錫衰爲弔服　閩監毛本作卿此本卿誤鄉

孔子之喪公西赤爲志焉節

牆之障柩猶垣牆障家　閩監毛本同岳本嘉靖本同衞氏集說亦有考文古本無此九字盧文弨云牆下注九字古本無乃疏中語也山井鼎云下注牆柳衣此注爲衍文明矣

如攝與　閩本同岳本嘉靖本同監毛本攝作襵衞氏集說同惠棟挍宋本亦作攝宋監本同釋文同

崇牙旌旗飾也　閩監毛本同衞氏集說同岳本崇字重宋監本同考文引古本足利本同又云宋板崇牙上闕字似脫一崇字嘉靖本亦作崇崇牙

此旌葬乘車所建也　閩監毛本同岳本嘉靖本同衞氏集說同惠棟挍宋本此作是

孔子至夏也　惠棟挍宋本無此五字

注牆柳至攝與　閩本同監毛本攝作𦆞下皆同

攝與漢時之屛　閩監毛本同浦鏜挍云與當衍字考文引宋板與作是

國君熏披六　閩監毛本熏作纁與喪大記合

稾車載簑笠　閩本同惠棟挍宋本監毛本簑作蓑與宋本儀禮合衛氏集說同

大喪共銘旌　惠棟挍宋本閩監本同毛本共誤其

攝孤卿之旜　惠棟挍宋本閩本同監毛本攝誤𦆞

夏后漸文　閩監毛本作漸此本漸誤斬考文引宋板后作家

旂是大古名　閩監毛本同浦鏜云古疑共字誤

子張之喪節

似今蛇文畫　閩監毛本同岳本嘉靖本同衛氏集說同惠棟挍宋本蛇作虵宋監本同

儆殷禮續通解儆作儆。

子張至士也惠棟挍宋本無此五字

皆有夏商二祝閩監本同毛本二誤三考文云宋板作二

子夏問於孔子曰節惠棟挍云子夏問節孔子之喪節宋本合爲一節

干盾也閩監毛本同岳本嘉靖本同衛氏集說同釋文出干楯云本又作盾考文引古本作楯

不反兵而鬭石經作鬭衛氏集說同閩本作鬭監本作鬭毛本作鬭岳本同

子夏至其後惠棟挍宋本無此五字

此一節論親疏報仇之法閩監本同衛氏集說同毛本報誤執

是常帶兵閩監毛本同惠棟挍宋本是作身是也衛氏集說同

不與共戴天閩監毛本戴作戴

既不爲報仇魁首 閩監本同衛氏集說同毛本報誤執

易墓節

是不治易也 閩監毛本同衛氏集說治易作易治孫志祖云集說是也

子路曰節

子路至餘也 惠棟挍宋本無此五字

明器衣衾之屬也 閩監毛本同衛氏集說作謂明器衣衾之屬多也

言居喪及其哀少而禮物多也 閩本同監毛本及作與

曾子弔於負夏節

善子游言且服 閩監毛本同嘉靖本同岳本服下有也字釋文出且服過也云本或作且服過考文引古本作且服過也足利本無也字案正義云故善服子游也服亦屬子游則服善非服過也

曾子至祖者惠棟挍宋本無此五字

賓出遂又納車於階間閩監毛本如此此本出誤仕又誤文按又字亦誤惠棟挍宋本作匠○按作匠是也遂匠指遂人匠人而言

祖曰明且徹祖奠設遣奠閩監毛本同浦鏜挍云之誤曰

曾子襲裘而弔節

服是善子游此本游下空闕閩監毛本游下有言字衛氏集說同惠棟挍宋本無言字是作且宋監本同岳本嘉靖本同考文引古本足利本同

曾子至是也惠棟挍宋本無此五字

小斂則改襲裘而加武與帶絰矣閩監毛本同考文引宋板無裘字○按無裘是也否則與喪大記不合

帶既在署　閩監毛本署作要考文引宋板作署

子夏既除喪而見節

先王制禮而弗敢過也　石經同岳本嘉靖本同衞氏集說同閩監毛本王誤生

先王制禮不敢不至焉　石經同岳本嘉靖本同衞氏集說同毛本同閩監本王誤生

善其俱順禮　惠棟挍宋本作其宋監本同嘉靖本考文引古本足利本同此本其誤○閩監毛本作同岳本同衞氏集說同

子夏至至焉　惠棟挍宋本無此五字

援琴而絃衎衎而樂　閩本同惠棟挍宋本同監毛本絃作弦衞氏集說同下而絃字同

援琴而絃切切以爲正也　閩監毛本同浦鏜挍云切切下脫而哀二字

司寇惠子之喪節

止之服也　閩本同岳本嘉靖本同衛氏集説同監本止字殘闕不全毛本止誤上

司寇至客位　惠棟挍宋本無此五字

今以此爲證　閩監毛本作今此本誤合

將軍文子之喪節

將軍文子之喪至其動也中　惠棟挍宋本無此十一字

知者世本云　閩監毛本同惠棟挍宋本云上有文字

則衛將軍文子之子爲之　閩本同衛氏集説同監毛本文子作文氏是也

而待於寢也　閩監毛本同惠棟挍宋本寢作廟是也

幼名節

明不復有事於此　閩監本同岳本嘉靖本同衛氏集説同考文引宋板同毛本此誤北

學於孔子者行之傚般禮閩監毛本同岳本嘉靖本同衛氏集說作學於孔子行之傚般禮也續通解傚作傚

幼名至行之惠棟挍宋本無此五字

年至五十者艾轉尊閩監毛本同惠棟挍宋本者作耆衛氏集說同

末者稱季是也監毛本作稱此本誤舞閩本同

以其毀宗故云躐行閩監毛本如此此本毀故二字實闕惠棟挍宋本故作卽

禮記注疏卷七挍勘記

禮記注疏卷一考證

傳古樓景印